Paul Ferrini

O Milagre do Amor

Reflexões da Mente de Cristo

Tradução
DENISE DE C. ROCHA DELELIS

EDITORA PENSAMENTO
São Paulo

Título original: *Miracle of Love.*

Copyright © 1997 Paul Ferrini — http://www.paulferrini.com

Todos os direitos reservados. Nenhuma parte deste livro pode ser reproduzida ou usada de qualquer forma ou por qualquer meio, eletrônico ou mecânico, inclusive fotocópias, gravações ou sistema de armazenamento em banco de dados, sem permissão por escrito, exceto nos casos de trechos curtos citados em resenhas críticas ou artigos de revistas.

A Editora Pensamento-Cultrix Ltda. não se responsabiliza por eventuais mudanças ocorridas nos endereços convencionais ou eletrônicos citados neste livro.

Dados Internacionais de Catalogação na Publicação (CIP)
(Câmara Brasileira do Livro, SP, Brasil)

Ferrini, Paul
 O milagre do amor : reflexões da mente de
Cristo / Paul Ferrini ; tradução Denise de C.
Rocha Delela. — São Paulo : Pensamento, 2006.

 Título original: Miracle of love.
 ISBN 85-315-1440-1

 1. Amor 2. Espiritualidade 3. Jesus Cristo —
Ensinamentos 4. Jesus Cristo — Psicologia 5. Vida
espiritual I. Título.

06-1256 CDD-232.019

Índices para catálogo sistemático:
1. Jesus Cristo : Psicologia 232.019

O primeiro número à esquerda indica a edição, ou reedição, desta obra. A primeira dezena
à direita indica o ano em que esta edição, ou reedição, foi publicada.

Edição	Ano
1-2-3-4-5-6-7-8-9-10-11	06-07-08-09-10-11

Direitos de tradução para o Brasil
adquiridos com exclusividade pela
EDITORA PENSAMENTO-CULTRIX LTDA.
Rua Dr. Mário Vicente, 368 — 04270-000 — São Paulo, SP
Fone: 6166-9000 — Fax: 6166-9008
E-mail: pensamento@cultrix.com.br
http://www.pensamento-cultrix.com.br
que se reserva a propriedade literária desta tradução.

Impresso em nossas oficinas gráficas.

Sumário

Prólogo 7

I. O meu Ensinamento 9

Eu Sou um Homem Simples 11
O Amor é nosso Professor 13
O Ponto de Vista Judaico 14
Atos, não Palavras 16
A Volta do Pastor 17

II. Os meus Discípulos 19

Se Você Quer me Seguir 21
Quem São os meus Discípulos? 25
Um Exemplo Vivo 27
O Corpo e o Mundo 29
Paz na Terra 32

III. O Caminho do Relacionamento 35

A Transformação da Negatividade 37
O Drama do Relacionamento 40
Compromisso 42
Os Frutos da Parceria 44
Como Inspirar o Amor que Você Quer 46

IV. Criatividade e Abundância 51

A Energia Criativa 53

O Ego Bloqueia a Abundância 55
Quatro Passos para se Libertar do Medo 57
Ouça a Resposta de Deus 59
O Mito Acerca do Mal 61
Entendimento e Compaixão 64
A Economia do Amor 66

V. Uma Espiritualidade de Amor e Liberdade 69

Além da Nova Era 71
Uma Comunidade Livre e Afetuosa 73
Honrar Pai e Mãe 75
O que é Espiritualidade? 77
Quem Precisa de Religião? 79
Afirmação e Negação 82

VI. Abuso e Perdão 85

O Medo do Compromisso 87
Você Manifesta na sua Vida Aquilo que Aceita 89
Igualdade e Respeito Mútuo 91
O Perdão 93
Demonstrações de Amor e Aceitação 95

VII. Mantenha-se Ligado ao Amor 99

O Eu e a Persona 101
Quem é o Cristo? 104
Confissão e Expiação 106
A Conversão 108
Viva o Milagre 111

VIII. Os Laços que Prendem 115

A Linguagem do Medo 117

Partir de Casa/Voltar para Casa 119

O Desapego 123

O Mutável e o Imutável 126

IX. Re-união 129

A Parceria Divina 131

Viva e Deixe o seu Parceiro Viver 133

O Espelho da Inocência 135

*Você se preocupa tanto em dizer o quanto eu sou grandioso
que se esqueceu da sua própria grandeza.
Você não deu importância ao fato de que o perdão só pode
ser oferecido ao mundo por meio de você.*

Prólogo

Um ensinamento só ganha vida à medida que as pessoas o compreendem e o colocam em prática. Ele é como uma composição musical. Ela não ganha vida enquanto o artista não a interpreta.

O virtuosismo e a inspiração com que ela é interpretada podem variar muito. Aqueles que são profundamente tocados pela peça musical, entendem todas as suas nuances e têm competência para tocá-la, conferem-lhe a melhor interpretação. E, dessa maneira, inspirarão outros a ouvir e a tocar.

Na época em que eu era vivo, as minhas palavras e os meus feitos tinham uma coerência. O meu entendimento era profundo. Eu falava com simplicidade e clareza. As minhas atitudes eram compatíveis com as minhas palavras. É por isso que as pessoas eram tocadas pelo que eu dizia.

Quando compreender os meus ensinamentos e os praticar na sua vida diária, você será como um farol para as outras pessoas. Por seu intermédio, os meus ensinamentos ganharão vida. Por meio da sua vida, eu viverei.

Esta é a segunda vez que venho. Eu não virei outra vez num corpo físico. Eu virei por meio do seu coração/mente e da sua vida, quando você estiver em sintonia comigo, assim como eu sempre estive.

Houve um tempo em que eu tinha doze apóstolos. Agora eu tenho milhares.

Toda vez que uma pessoa se volta para mim em total entrega, ela se torna meu instrumento. Por meio das mãos e do coração dela, eu trabalho para espalhar o amor neste mundo.

Toda vez que uma pessoa deixa para trás os seus ressentimentos e oferece o perdão a si mesmo e aos outros, eu fico ao lado dela. Eu sou quem a acolhe nos braços e a conforta. Eu sou quem se curva com ela aos pés do Deus invisível.

Os meus discípulos praticam o amor e o perdão todos os dias. Eles não são perfeitos em suas práticas. Mas são sinceros. Eles cometem erros, acabam por reconhecer esses erros e se empenham para aprender com eles.

Os meus discípulos são sábios, mas não alardeiam essa sabedoria. Eles não se esforçam para chamar a atenção para si, mas fazem o possível para fortalecer as outras pessoas com as suas idéias, com as suas palavras e com os seus atos.

Nenhuma igreja ou templo pode trazê-lo para mim antes que você esteja pronto. E, quando estiver, você não precisará de mais ninguém para interceder a seu favor junto a mim. Bastará que você peça e eu já estarei ao seu lado.

Ao contrário de muitos que você conhece, eu não sou volúvel. Eu não me aproximo de você só para depois me afastar. Mesmo quando você me rejeita e me grita impropérios, eu não deixo de amá-lo nem de ver a sua grandeza. Pois eu aprendi com o meu Pai e com a minha Mãe como amar sem nunca recusar o meu amor e como dar sem nunca esperar nada em troca.

Quando estiver pronto, você também aprenderá. Se está virando as páginas deste livro, é porque talvez tenha chegado a sua hora. Eu lhe dou as boas-vindas, irmão ou irmã. À medida que você se abre para a verdade destas páginas, a verdade também desabrochará dentro de você.

Jesus

I
O meu Ensinamento

*Palavras e conceitos
não abrirão o seu coração.
Só o amor pode abri-lo.*

Eu Sou um Homem Simples

Eu estou escrevendo para desfazer um mal-entendido. Já se passaram dois mil anos desde que eu nasci e o meu ensinamento, que um dia foi como um rio caudaloso, está reduzido a um fio d'água. Você me racionalizou e me colocou na posição que ocupo hoje: uma posição de destaque talvez, mas distante. Você me colocou acima de você, onde eu não o desafio. Fazendo de mim uma divindade, o *único* filho de Deus, você se eximiu de ter de seguir o meu exemplo. O meu exemplo, no entanto, é a parte mais importante do meu ensinamento. Se você não segui-lo, que sentido tem a sua crença em mim?

O meu ensinamento não é intelectual. Ele é prático. "Ame o próximo" não é um conceito abstrato e complicado. Trata-se de uma idéia simples e premente que convida você a praticá-la. Eu não convido você a participar de uma noite de discursos e debates. Não peço que você ensine ou debata as escrituras. Eu peço o que você acha tão difícil de fazer: transcender o seu conceito limitado de eu. Qualquer uma das práticas que eu lhe propus vai manter você ocupado pela vida inteira. Embora elas sejam muito simples de entender, o desafio que propõem está na sua prática.

Se eu morri pelos seus pecados, então não há mais nada que você precise fazer. Então por que não ascender aos céus levado pela força da sua crença em mim?

Eu lhe direi por quê. Porque, apesar da sua crença, você não é feliz. Você não está em paz. É por isso que você me colocou fora de você. Você me colocou acima de você, onde eu não posso tocá-lo.

Tire-me do pedestal, meu irmão ou irmã, e coloque-me ao seu lado, o lugar a que eu pertenço. Eu sou absoluta e incondicionalmente igual a você. O que eu fiz, e muito além disso, você também fará. Você não será salvo pelos meus pensamentos e atitudes, mas pelos seus. Se você não se tornar o Cristo, a paz não se instalará neste mundo. Se você me vê como um rei, então você mesmo terá de ser um rei.

Não coloque essa distância entre nós, pois eu não sou diferente de você. Seja lá o que você for — um mendigo ou um ladrão, um santo ou um rei —, eu também sou. Não existe nenhum pedestal que eu não tenha ocupado nem sarjeta onde eu não tenha caído. É só porque eu já cheguei ao ponto mais profundo da dor e da alegria que eu posso atravessar as portas da compaixão.

Eu nasci de uma mulher simples numa manjedoura. Ela não era mais virgem do que a mãe de qualquer pessoa. Você a tornou especial pela mesma razão que fez de mim alguém especial: para pôr uma distância entre nós, alegando que o que eu fiz você não pode fazer.

Se a minha vida realmente significa alguma coisa para você, você tem de saber que eu não reivindico um lugar especial. Nem Maria nem eu somos seres mais espirituais do que você. Somos iguais a você em todos os sentidos. A sua dor é a nossa dor. A sua alegria é a nossa alegria. Se isso não fosse verdade, não poderíamos vir aqui ensinar você.

Não coloque uma distancia entre nós. Abrace-nos como iguais. Maria poderia ter sido a sua mãe, eu poderia ter sido o seu filho.

O Amor é nosso Professor

Seja você quem for, seja como for a sua vida, saiba que nós compreendemos você e lhe temos compaixão. É impossível que você esteja num lugar pelo qual não tenhamos passado, um lugar que a mão do amor e da compaixão não possa alcançar.

Nós penetramos toda escuridão que a alma pode sondar. Mas a luz da verdade vive até mesmo nos lugares mais sombrios. Não existe nada como a total ausência de luz. A escuridão não pode existir, a não ser com referência à luz. Não importa o quanto seja grande a sua dor, ela é medida de acordo com a profundidade com que você sente a falta ou a perda do amor. Toda escuridão é uma viagem em direção à luz. Toda dor é uma viagem em direção ao amor incondicional.

É por isso que você está aqui: para penetrar na escuridão que vê em si e nos outros e encontrar a luz que existe ali. Depois que você encontra a luz, por menor e mais insignificante que ela pareça, a sua vida nunca mais é a mesma. Um guardião da luz nunca questiona a luz que carrega. E por isso ele pode oferecê-la aos outros com paciência e sem medo.

Você que tenta converter as pessoas em meu nome, saiba que as suas atitudes revelam o seu próprio medo, pois o amor é gentil e bondoso. Ele dá sem pedir nada em troca. Ele não pede que as pessoas mudem, mas as aceita como são. Ninguém pode prestar auxílio em meu nome sem oferecer amor e aceitação. Aquele que oferece amor com condições, não importa que condições sejam essas, usa o meu nome em vão.

Você tem de reconhecer que pode falhar, assim como eu também reconheci. Quando você cria regras, o amor é reprimido ou negado. Ninguém é tão grandioso quanto o Amor, nem eu nem você. E é diante do Amor que nós dois temos de nos curvar. O Amor é e sempre será nosso professor. Nós seremos seus aprendizes e aprenderemos o que ele tem a nos ensinar? Ou insistiremos em escrever as sílabas e interpretar o texto?

O Ponto de Vista Judaico

Como você sabe, eu sou judeu. Se você é judeu, não pode deixar de ser judeu e se tornar cristão. Você continua sendo judeu para sempre. E, se você é um judeu de verdade, então está sempre fazendo perguntas sobre Deus. Está sempre testando os limites de Deus. Todos os dias, quando um judeu reza, ele pergunta a Deus "Por quê?", sabendo que só Deus tem as respostas. Para o judeu, é uma blasfêmia pensar que ele próprio sabe, pois só Deus sabe. Na melhor das hipóteses, nós temos um vislumbre do mistério.

Se você quer seguir o meu ensinamento, tem primeiro de atender a parte judaica do legado judeu-cristão. Você precisa saber que Deus tem as respostas, não você ou eu. Você tem de se render à vida assim como ela é, sabendo que existe um propósito, mesmo que você não consiga divisá-lo.

Como judeu, a sua atitude nunca deve ser orgulhosa ou demonstrar a pretensão de saber alguma coisa. Você tem sempre de dizer, "Não importa o que eu aparentemente saiba, Deus sabe mais do que eu". Deus é misterioso. Não importa o quanto eu me esforce, eu não posso sondar os desígnios divinos. Eu posso, na melhor das hipóteses, ter experiências da graça e vislumbres do plano divino. Eu sou um aprendiz. Deus é o professor. Mais do que isso: Deus é o meu professor. *Ele me guia mansamente a águas tranqüilas. Refrigera a minha alma.* Como judeu, você tem de travar um relacionamento com Deus. E tem de ser um relacionamento cheio de respeito.

Muitos cristãos acham que têm os meus favores e por isso não precisam dialogar com Deus. Acham que eu intercedo por eles junto a Deus. Mas isso não é verdade. Sem Deus, eu não sou ninguém. É precisamente porque eu me curvo em respeito e enlevo aos pés de Deus que posso estender as bênçãos divinas a você.

Meus amigos, especialmente aqueles que se autodenominam cristãos, entendam que, quando se dirigem a Deus e a Jesus, um de nós é dispensável, e eu lhe asseguro de que não é Deus. Vocês não precisam de mim para chegar a Deus. Vocês só precisam se dirigir a Ele com um desejo sincero de aprender. É assim que eu me dirijo a Ele e é assim também que você deve se dirigir ao Divino, acredite ou não.

Vocês, cristãos, põem ênfase demais na sua crença em mim. Eu digo, esqueçam-me e lembrem-se do seu Criador. Assim, vocês estarão se lembrando de mim com o seu próprio exemplo, não só com as suas palavras. Se vocês me conhecem no seu coração, sabem que eu não sou muito afeito a palavras. Mostrem-me no que vocês acreditam não só por meio das suas palavras, mas por meio dos seus atos.

Atos, não Palavras

Toda a minha vida diz respeito à prática. Qualquer um que pratique o amor volta para a casa do Pai. Não importa que caminho tome ou que nome dê a ele.

Nenhum caminho é melhor do que os outros. Você não chegará em casa mais rápido se acreditar em mim em vez de acreditar em Buda ou em Krishna. O homem ou a mulher que amam são os que fazem maiores progressos. Essa é a pura verdade.

Religiões, seitas, dogmas não são nada além de obstáculos à sua jornada para casa. Qualquer um que se julgue detentor da verdade constrói a sua casa na areia movediça. Não demora muito até que descubra que o seu orgulho, a sua visão estreita e a sua intolerância foram a causa do seu fracasso.

Se você é uma pessoa amorosa, importa se é judeu, muçulmano ou taoísta? O seu amor se expressa independentemente do que você acredita. A linguagem do amor não é uma linguagem composta de palavras. Você pode usar palavras, mas o amor não depende das palavras que você usa. Umas poucas palavras e um gesto sincero são suficientes para transmitir a sua aceitação e respeito pela outra pessoa.

Palavras e conceitos não abrirão o seu coração. Só o amor pode abri-lo. Quando você se abre para o amor que está ao seu alcance e oferece esse amor às outras pessoas espontaneamente, as palavras de que você precisa lhe ocorrerão. Você não terá de pensar muito para saber o que dizer ou fazer.

Quando existe amor no seu coração, os caminhos se abrem diante de você. As ações fluem espontaneamente de você. Não existe insegurança, ambivalência ou deliberação. Pois essas não são características do amor. O amor é incondicional e direto. Ele sempre encontra o ser amado, mesmo quando ele não está à mostra.

A Volta do Pastor

Não existe quem recuse o amor quando ele é oferecido sem condições. E quem oferecerá esse amor senão você, meu irmão ou irmã?

Hoje você beberá profundamente da fonte do meu amor. Amanhã você será a fonte. Amanhã você concederá a dádiva que tem sido oferecida ao mundo. Você é as mãos de Deus ofertando cura e conforto. E, à medida que você dá, também receberá.

No passado, você deu e recebeu através das lentes do seu medo. Mas esse tempo ficou para trás. Agora você sabe que o seu medo não pode mantê-lo a salvo. Ele só o mantém distante do amor que você quer. Ele o mantém no exílio, longe daqueles que você ama e que precisam do seu amor.

Você pode se manter afastado da comunidade da fé pelo tempo que quiser. Mas o amor dessa comunidade não deixará você, nem deixará de aguardar a sua volta. Pois o seu dom é necessário, meu irmão ou irmã. E até que você aprenda a confiar nesse dom e a oferecê-lo, você não vai ser feliz.

Quando você estiver pronto para voltar, a sua família lhe dará as boas-vindas. A família da fé nunca rejeita ninguém, não importa o quanto essa pessoa possa estar confusa ou amedrontada. Pois essa família é a personificação do amor. Ela é o exemplo vivo, a palavra revestida em carne, à medida que o coração se abre para o amor e a mente se abre para o não-julgamento.

Venha, meu irmão e irmã. Tire dos ombros o fardo que você carrega. Por que prolongar a dor e o sofrimento se a promessa de amor pode ser cumprida aqui, agora mesmo? Por que prolongar a culpa e a condenação se a brisa do perdão sopra pela Terra, elevando os corações cheios de ressentimento e desejos de vingança? Tire o fardo dos ombros, meu amigo. Você não vê que a sua preocupação, os seus medos e todos os apegos que eles causam não passarão pela porta da verdade?

A época da ambivalência e da deliberação terminou. Quando a porta se abrir, você passará por ela. Pois foi por isso que você veio a este mundo. E nenhum apego a questões mundanas pode impedi-lo de cumprir o seu destino espiritual. Assim como todos os filhos, você voltará para casa. E, ao voltar, você sairá como eu para guiar as outras pessoas rumo à fonte da alegria e da paz.

Quando a ovelha se extravia, o pastor aparece. E você, meu amigo, não é menos pastor do que eu. Nos tempos que virão, muitos pastores serão necessários. Muitas testemunhas do poder do amor e do perdão serão convocadas. Por meio do exemplo dessas pessoas, o meu ensinamento perdurará e florescerá como nunca antes. Pois, quando uma pessoa está certa do reino de Deus e estende uma mão amiga, os outros a seguem sem hesitação.

II
Os meus Discípulos

*Não existe quem recuse o amor
quando ele é oferecido sem condições.
E quem oferecerá esse amor senão você,
meu irmão ou irmã?
Hoje você bebe profundamente
da fonte do meu amor.
Amanhã você será a fonte.*

Se Você Quer me Seguir

Se você quer seguir o meu exemplo, pratique o que ensinei sobre amor e perdão. Acostume-se a dar e a receber amor em todas as ocasiões .... com a família, com os amigos, com a sua comunidade, até mesmo com estranhos.

Não deixe que as diferenças relativas à crença, à cultura ou à cor da pele afastem vocês uns dos outros, pois tudo isso é apenas o manto externo que reveste a verdade sobre quem vocês são. Se você quer conhecer a verdade, tem de aprender a ver além das aparências. Tem de aprender a olhar não somente com os olhos, mas com o coração. Quando agir assim, você não verá um adversário, mas um irmão, uma irmã, um amigo.

Quando olha com o coração, você sente a dor e a desorientação que o seu irmão sente. Você sente compaixão pela experiência universal do sofrimento, que vocês compartilham. Dessa compaixão nasce o amor ... não o amor que quer corrigir ou mudar os outros, mas o amor que aceita, estimula, conforta, faz amigos e fortalece o outro.

O amor é a única porta para a vida espiritual. Sem amor, existem apenas dogmas e crenças rígidas que só causam medo. Sem amor, não existe compaixão ou caridade. Aqueles que julgam as outras pessoas, lhes pregam sermões e tentam redimi-las estão apenas projetando o próprio medo e sentimento de inadequação. Eles usam as palavras da religião como um substituto para o amor que não são capazes de dar ou receber. Muitos daqueles que estão mais carentes de amor e desligados desse sentimento vivem à sombra de um púlpito e galgam os degraus do julgamento todo domingo, para transmitir a mensagem do seu próprio medo. Não julgue essas pessoas, pois elas estão percorrendo o seu próprio caminho de dor e clamam por amor. Mas não aceite a culpa que elas lhe impingem. Ela não é sua.

Aqueles que vivem uma vida genuinamente espiritual — não importa a tradição que sigam — estão centrados no amor que têm por Deus e pelos outros seres. Quando essas pessoas se encontram, elas só trocam elogios e votos de felicidade. Para elas, os rótulos não significam nada. Para aqueles que praticam a sua fé, Deus é o Rei dos Reis e homens e mulheres, não importa em que acreditem, são seres absoluta e incondicionalmente iguais. Todos são igualmente amados e valorizados por Deus. Não existem excluídos nem hereges.

Eu já disse isso antes e direi outra vez: dogmas religiosos, moralismo e falso orgulho só criam divisão, ostracismo e alienação. Eles são os instrumentos do julgamento, não do amor. Você não pode me seguir e continuar achando que sabe o que a vida significa e o que Deus pretende.

Os meus discípulos aprendem a olhar tudo o que acontece com o coração aberto e a mente aberta. Eles se dispõem, cada vez mais, a abrir mão das crenças tacanhas e dos preconceitos. Eles evitam se condenar ou condenar os outros pelos erros que cometem, mas tentam aprender com esses erros para que não os repitam.

Os meus discípulos travam todos os dias com Deus um relacionamento cada vez mais respeitoso e íntimo. Aprendem a deixar que o Deus imanente mostre o caminho em sua vida. Isso fica mais fácil quando eles pensam em mim e levam em conta o meu exemplo. Mas eles não caem no erro de pensar que devem fazer o que eu fiz. Pois a luz que os guia vem do coração deles, assim como a minha veio do meu coração.

Ser cristão não é assim tão fácil quanto você pensa. Significa que você está aberto para a possibilidade da sua própria condição de Cristo. Você aceita o seu potencial para se fundir com Deus, para abrir o coração e a mente para o amor de Deus e para a sua orientação. Isso significa que você parou de procurar falhas nas outras pessoas e começou a olhar para os próprios medos à medida que eles vêm à tona, assumindo total responsabilidade pelos seus pensamentos e sentimentos, em vez de projetá-los nos outros. Você passa a ser honesto consigo mesmo e gentil com os outros. A sua vida é o seu ensinamento e ela é vivida com gestos de bondade, não com palavras ásperas e inclementes.

Quantas pessoas que afirmam ser cristãs vivem dessa maneira? E então eu lhe pergunto, "Como você pode ser cristão e não dar e receber amor sem condições?" É melhor deixar todas as suas outras crenças de lado e conservar essa prática do que estudar as escrituras e praticar o julgamento.

O caminho que abri para você é aberto. Qualquer um pode segui-lo, basta querer. Ele não tem pré-requisitos: nem batismos, nem confissões, nem comunhões. Nada que seja externo pode impedir você de aceitar o meu ensinamento.

Mas isso não significa que você estará pronto para trilhar esse caminho. Se você ainda está preso aos seus dogmas e credos, não conseguirá dar o primeiro passo. Se estiver convencido de que você ou qualquer pessoa é perverso ou culpado, você não vai conseguir dar um passo à frente. Se achar que já tem as respostas, você pode começar a caminhada, mas pegará um caminho diferente.

O meu caminho está aberto a todos, no entanto, poucos o seguirão. Poucos estão dispostos a desistir do que pensam que sabem para aprender o que ainda não sabem. Foi assim quando trilhei pela primeira vez esse caminho, e é assim até hoje. Muitos são chamados, mas poucos atendem ao chamado.

É isso o que acontece. Não se desespere. Pois, se você optar por trilhar esse caminho, não importa que escolha os outros façam. A sua felicidade é responsabilidade sua.

À medida que você caminhar com a luz nas mãos, as pessoas se aproximarão de você e perguntarão como podem encontrar a luz também. E, se você for meu discípulo, você dirá a eles, "A luz já está dentro de você, meu irmão ou irmã. Basta que você a reconheça". Você não pedirá a essas pessoas que se submetam a infindáveis provas orais ou que participem de rituais que nada signifiquem para elas. Você as acolherá espontaneamente. Dará a elas as boas-vindas em sua comunidade e elas se sentirão em casa. Pois não há ninguém que não se sinta em casa quando é amado e aceito incondicionalmente.

Se você quer seguir o caminho que eu preparei para você, tem de me tirar do pedestal. Tem de tirar Maria do pedestal. Cada um de vocês é um Filho de Deus ou uma Mãe de Deus. Se não pensa assim, você não ofereceu a si mesmo o perdão que nos lhe oferecemos.

Se você não vê inocência em si mesmo e nos outros, aprenda a olhar com o coração em vez de olhar com os olhos. A menos que aprenda a perdoar a si mesmo e aos outros, você não pode ocupar o seu lugar ao nosso lado. E eu lhe asseguro de que esse lugar o espera.

Você vive num mundo onde todos são considerados culpados. Onde todos são considerados errados. E a maioria dos ensinamentos lhe é imposta como uma guilhotina sobre a sua cabeça, oferecendo correção na melhor das hipóteses e condenação na pior delas.

O meu ensinamento não é assim. Eu lhe digo que você não tem maldade. Você não é culpado, não importa o que tenha feito, não importa quantos erros tenha cometido. Mais uma vez eu lhe peço para se lembrar da verdade sobre si mesmo. Você é uma filha ou filho de Deus, não menos amado do que Maria ou eu.

Depois que você aceitar o amor que Deus tem por você, aprenderá com os seus erros. Não vai mais querer desperdiçar a sua vida. O perdão reinará onde antes parecia haver maldade. E a compaixão será oferecida onde a raiva e a inveja um dia prevaleceram.

O amor coloca todos nós nos eixos. Ele nos liga à nossa verdadeira natureza. O nosso desafio é sempre bem simples: nos abrir para o amor que nos é oferecido.

Como fazemos isso? Recusando-nos a condenar a nós mesmos ou aos nossos irmãos e irmãs. Deixando de julgar, de reclamar ou de procurar falhas. Celebrando os nossos relacionamentos e sentindo gratidão pelo amor e pelo amparo que temos na vida. Concentrando-nos no que existe, não no que não existe. Encontrando o bem na nossa própria vida, nós o reforçamos e o estendemos aos outros.

Como filho ou filha de um Deus amoroso, o seu propósito é aceitar o amor que lhe é oferecido e voltar a oferecê-lo aos outros, usando as habilidades e os talentos que tiver, sejam lá quais forem. O que importa não é a forma do que você está oferecendo. O que importa é simplesmente o que está sendo oferecido com amor.

Quem São os meus Discípulos?

Os meus discípulos são aqueles que ajudam as pessoas a se sentir ligadas ao Deus amoroso que zela carinhosamente por todos nós. Eles não tentam me colocar num pedestal. Eles não colocam obstáculos em forma de palavras ou rituais entre eu e aqueles que trilhariam o caminho da verdade. Eles vivem o amor que pregam. São modelos do que ensinam.

Os meus discípulos sabem que eu não vim para morrer pelos pecados deles, mas para lembrá-los da verdade de que eles não têm pecados. Sabendo que não têm pecados, eles conseguem ver a inocência das outras pessoas, mesmo quando se sentem desmerecedoras e culpadas. Os meus discípulos vêem a luz que existe em cada alma. Eles não se preocupam com a escuridão, pois sabem que, em última análise, ela não é real. Eles se esquecem da aparente maldade e injustiça, concentrando-se na bondade inerente a todos os seres, pois o mal nada mais é do que a falta de algo que nunca pode ser tirado de nós por completo.

Vendo a luz neles mesmos e nos seus irmãos e irmãs, os meus discípulos fazem batismos constantemente. Eles estão sempre oferecendo a comunhão. Mesmo quando as pessoas estão lhe confessando os seus pecados, os meus discípulos insistem em mostrar o Cristo dentro delas. O trabalho deles é sempre de cura. Assim como eu, eles lembram as pessoas da verdade acerca de quem elas são.

Os meus discípulos não se preocupam com o que está faltando ou no que precisa ser corrigido. Eles se concentram no que sempre existe e que não pode ser tirado. Eles se concentram no que está certo e no que é bom. Eles não procuram fraquezas e por isso instilam força. Eles não buscam feridas e por isso ajudam as pessoas a encontrar sua gratidão.

Os meus discípulos sabem que toda crueldade que uma pessoa pratica contra outra é causada por uma aparente falta de amor na vida dessa pessoa. Aquele que ataca os seus semelhantes não sabe que é amado.

Os meus discípulos ensinam o amor sendo amorosos. Eles ensinam o amor aceitando as outras pessoas como elas são. Em todas as suas atitudes, eles ensinam às pessoas que elas são dignas de amor. Por ensinarem o amor, eles se sentem em paz. E quanto mais paz sentem, mais amorosos eles são.

Os meus discípulos sabem que as pessoas geralmente se esquecem da verdade sobre si mesmas. Elas se perdem em seus papéis e responsabilidades. Elas não dão valor às outras pessoas. Elas se sentem ameaçadas e constroem muros em torno de si para se proteger. Elas se esquecem de abrir o coração. Os meus discípulos não castigam as outras pessoas por terem se esquecido disso. Eles simplesmente as lembram, com delicadeza e quantas vezes for necessário, de que elas são capazes de dar e receber amor.

Os meus discípulos reforçam o bom e o verdadeiro e deixam que a ilusão e a falsidade desapareçam naturalmente. Eles não repreendem as outras pessoas por cometerem erros, pois isso só reforçaria a culpa que elas sentem. Em vez disso, elas elogiam as pessoas pela disposição de aprender e de crescer com os próprios erros.

Um Exemplo Vivo

O meu ensinamento é sobre reavivar a memória. É sobre ficar consciente da verdade e de vivê-la. Não basta conhecer as palavras. As palavras são facilmente esquecidas. Elas precisam ser praticadas. E a prática tem de se tornar uma ação espontânea.

Vocês se preocuparam tanto em enfatizar o quanto eu sou grandioso que se esqueceram da própria grandeza. Vocês negligenciaram o fato de que o perdão só pode ser oferecido ao mundo por intermédio de vocês. E vocês só podem oferecê-lo se já tiverem perdoado a si mesmos.

Quando comunga comigo, não é o meu corpo e o meu sangue que você consome, mas o espírito do perdão, que eleva o seu coração. Quando você erguer a taça, lembre-se da sua inocência e da inocência de todos os outros seres. Esse é o sangue da vida, o legado da verdade que você precisa ter na memória e expandir.

Você acha que eu sou especial porque fui crucificado. No entanto, você é pregado na cruz todos os dias. E, quando você mesmo não é pregado, está ocupado pregando outra pessoa. Não existe nada de especial em ser crucificado.

Alguns de vocês também acreditam que só eu ressuscitei. Entretanto, você é arrancado da morte pelo poder do amor toda vez que se lembra de quem é ou de quem é o seu irmão. Toda vez que alguém dá ou recebe amor, a morte sofre uma derrota. Pois tudo morre, exceto o amor. Só o amor que você deu ou recebeu vive para sempre.

Você pode achar que, acreditando em mim, você garante um lugar especial na vida após a morte. Isso só é verdade se a sua crença em mim inspirou você a dar ou receber amor. Se você não se abriu para o amor na sua vida, a sua crença em mim ou em qualquer outro ser significa muito pouco.

Quando você se lembrar de mim, lembre-se daquilo que eu possibilitei que você fizesse na sua vida e não se preocupe com os "milagres" que eu fiz. O poder do amor fará milagres tão magníficos na sua vida quanto os que você atribui a mim. Pois o amor é o único milagre, não você ou eu.

Você está neste mundo para aceitar o Milagre do Amor e transmiti-lo aos outros. Não nos atribua o mérito por algo que o amor fez ou fará. O mérito é daquele que nos amou incondicionalmente muito antes de sabermos o que era amor ou o que a falta de amor significaria para nós.

Todos nós nos extraviamos do rebanho. Todos nós nos esquecemos do amor do Criador. Eu vim até você para lembrá-lo desse amor. Quando você se lembrar do meu nascimento neste mundo, lembre-se do que vim fazer aqui. Foi isso que você veio fazer também.

E o seu nascimento na carne não é menos sagrado do que o meu. Nem o amor que você oferece aos outros é menos importante do que o amor que eu lhe ofereço. Todos nós somos portas para o infinito e eterno e, cada vez que o seu coração se abre, o espírito se faz presente neste mundo.

Você é a luz do mundo. Você é o cordeiro de Deus que veio nos lembrar de que somos amados.

O Corpo e o Mundo

Estar encarnado é, ao mesmo tempo, um privilégio e uma provação. Muitas lições são aprendidas graças à oportunidade que o corpo proporciona. No entanto, a pessoa precisa se lembrar de que tudo o que o corpo pode fazer por ela um dia chegará ao fim. Os prazeres da comida, da bebida, do sexo, do sono, do divertimento, o que tudo isso significa quando o corpo não existe mais? Reverenciar o corpo é tão pouco saudável quanto aviltá-lo.

O corpo é um meio, um recurso. É um veículo para acumularmos experiência. Ele tem um propósito. Eu usei o meu corpo para cumprir a minha missão aqui, assim como você tem de usar o seu. Eu conheci o prazer e a dor física, assim como você sem dúvida conheceu também. Ninguém que encarna neste mundo deixa de conhecer tanto o êxtase quanto a dor, tanto o amor quanto a morte.

O corpo é um veículo. É um meio de aprendizagem. Por favor, não o desrespeite nem o degrade. Nem tampouco o reverencie como se ele fosse um Deus. Não o faça nem mais nem menos importante do que ele é.

Quando você gosta do seu corpo e cuida dele, ele pode servi-lo melhor. Mas nenhum corpo é perfeito. Todos os corpos um dia se debilitam. Os corpos não foram feitos para durar para sempre. Nem para ressuscitar.

Aqueles que falam da ascensão física ou da imortalidade física não sabem o que dizem. Tudo na experiência física é limitado por natureza. Uma experiência só é física em virtude das limitações que a definem. Se desconsiderarmos as características que o definem, o corpo físico deixa de ser o que é. Se desconsiderarmos a personalidade, a mente não pode existir do modo como a conhecemos.

Quanto mais definições você tem, mas físico você é. Tudo o que tem muitas definições é denso. Tudo o que é voltado para o ego é denso. O egoísmo e a ganância são densos. O vício por determinada substância ou estado é denso.

"Denso" significa limitado e com poucas opções. Se é viciado em álcool ou em drogas, quantas opções você tem? Se é ladrão ou assassino, quantas opções você tem? A densidade significa que o seu comportamento é repetitivo, previsível.

Todos os estados egóicos são densos. Se você quer que algo seja de uma determinada maneira e se recusa a fazer concessões ou a ver as coisas por outro ângulo, você não tem muitas opções. Você está assumindo uma postura limitada. As suas crenças carecem de compreensão, flexibilidade ou compaixão. Acima de qualquer coisa, os seus pensamentos, sentimentos e ações são motivados pelo medo. Quando está com medo, você se curva e abraça as próprias pernas. Você se contrai.

Aquele cujos atos são prejudiciais tanto para si mesmo quanto para os outros não é perverso *per se*. Ele está com medo, está contraído. Corrigir um comportamento prejudicial significa adotar uma postura mais flexível e aberta. E para fazer isso é preciso que, primeiro, a pessoa se sinta mais segura. As pessoas que se sentem inseguras têm um comportamento rígido e defensivo, mesmo quando não estão sendo ameaçadas.

Isso vale para todos os níveis. Por exemplo, no nível do intelecto, a vaidade e o orgulho são causados pela insegurança. As pessoas que acham que sabem tudo geralmente se sentem profundamente inseguras quanto aos valores e crenças que têm. Elas estão assumindo uma postura rígida e hostil.

As pessoas não nasceram em pecado. Isso é algo que elas aprenderam. Pegue um bebê, ame-o, cuide bem dele, dê-lhe asas e ele será um luminar de amor. Mas pegue o mesmo bebê e negue-lhe amor, recusando-se a motivá-lo, e você está semeando nesse ser sementes de descontentamento.

Não existe pecado original. Não existe densidade original. A densidade é criação do medo e o medo é algo que se aprende.

A realidade física parece extremamente restritiva, mas ela não tem de ser assim. Eu uma vez pedi que você vivesse neste mundo, mas não fosse dele. Eu sugiro que você viva no corpo, respeite-o, use-o como um veículo para difundir o amor e a aceitação, sem ficar apegado a ele.

Eu também lhe peço que você não construa a sua casa na areia, onde qualquer tempestade causará uma devastação. Algumas coisas são temporárias e passageiras e outras são eternas. O corpo não é eterno. Ele pode ser, na melhor das hipóteses, um servo prestativo.

É inútil ficar tentando tornar o corpo cada vez mais jovem. Assim como é inútil buscar a imortalidade, a ressurreição e a ascensão físicas.

A minha ressurreição não foi física. Ela consistiu na minha disposição para ir além das idéias estreitas com que me deparei na vida, quaisquer que fossem as conseqüências. Eu aceitei a tortura e a morte, pois me recusei a falar nada que não fosse a verdade que estava no meu coração.

Defender a verdade em face da oposição não é uma tarefa fácil. Se a pessoa valoriza demais o corpo, não é capaz de fazer isso. Só aquele que valoriza a verdade acima de qualquer coisa pode se sujeitar ao sofrimento em nome daquilo em que acredita. Eu certamente não sou o único que você sabe que fez isso. Você conhece muitos que conseguiram vencer o próprio medo e defender o que acreditavam.

Porém, devo lhe dizer que aquele que não defende a verdade com amor não serve à verdade. Os meios devem ser sempre coerentes com os fins para que se possa ter paz.

Paz na Terra

A paz é o estado menos denso que você pode conhecer no corpo físico. Ela não tem outro objetivo que não seja ela própria. Ela não tem outros interesses.

A pessoa que está em paz tem uma grande flexibilidade, uma grande paciência e uma grande compaixão. Ela não sente necessidade de consertar ninguém nem de melhorar o mundo. A pessoa que está em paz colabora naturalmente para melhorar o mundo só pelo fato de existir. Ela respira paz, conversa paz e caminha paz. Não existe nenhum esforço, nenhuma tentativa de correção.

Nada neste mundo precisa de conserto. A percepção da dor é curada assim que se opta por vê-la de uma outra maneira. Quando você olha através dos olhos do amor, percebe que não existe nenhuma situação que não possa ser aceita como é. Não existe injustiça em lugar nenhum, apenas nos olhos do observador. E é ele próprio, no final das contas, que precisa deixar a dor para lá e ver o mundo de modo diferente.

As leis deste mundo são as leis do ego. Elas se baseiam na suspeita e na desconfiança. O objetivo delas é controlar o comportamento das pessoas. O controle é denso. Quanto mais necessidade temos de controlar os outros, mais previsível e controlado fica o nosso próprio destino.

As leis do espírito baseiam-se na confiança e na compaixão. Elas falam do amor que existe em todos os corações e por isso fortalecem esse amor. Elas vêem o melhor em cada pessoa e por isso fazem com que esse melhor se manifeste.

Foi isso o que eu fiz e que peço para que você também faça. Assim como eu desafiei as leis deste mundo em nome de uma lei maior, você também desafiará. Chega de viver em estado de apreensão. Chega de viver acuado num canto, deixando que homens e mulheres lhe ditem as regras.

Você tem de se impor e exigir dos outros consideração. Mas, por gentileza, faça isso com amor, compaixão e respeito. Faça isso sabendo que não existe nenhum inimigo lá fora. Cada irmão ou irmã, não importa o quanto esteja zangado, cheio de medo ou atormentado, merece o seu apoio e o seu respeito. E a maneira como você se comporta significa tanto quanto o que você faz ou diz, se não mais. Palavras ou atitudes agressivas não fazem nenhum bem a você nem a ninguém.

Quando você age com delicadeza e profere palavras amorosas, o Espírito encontra abrigo dentro de você e desperta nas outras pessoas. Então você passa a ser uma luz para o mundo e a realidade física deixa de ser tão densa quanto antes. Esse é o verdadeiro significado da ascensão terrena.

Quando o amor está presente, o corpo e o mundo se elevam. Eles se infundem de luz, de possibilidades e de celebração do bem. O mundo que você vê quando o Espírito está presente no seu coração e na sua vida não é o mesmo mundo que vê quando está preocupado com as necessidades do seu ego. O mundo que você vê quando está irradiando amor não é o mesmo mundo que vê quando está exigindo amor.

Se quer ir além do corpo, aprenda a usá-lo com amor. Pense e fale bem de si mesmo e dos outros. Seja positivo, construtivo e útil. Não procure por problemas. Não fique o tempo todo preocupado com o que parece estar faltando. Irradie amor em todas as oportunidades. Dê amor a si mesmo quando estiver triste. Dê amor aos outros quando eles estiverem na dúvida ou na negatividade.

Seja uma presença de amor neste mundo. É isso o que você realmente é. Tudo o mais é ilusão.

III
O Caminho do Relacionamento

*O mundo que você vê quando está irradiando amor
não é o mesmo mundo que vê
quando está exigindo amor.*

III
O Caminho do Relacionamento

A Transformação da Negatividade

É importante que você olhe para os seus estados mentais negativos de modo que possa reconhecê-los. Toda pessoa tem de aprender a ver de que modo ela causa o seu próprio sofrimento, mantendo uma atitude negativa diante dos acontecimentos e das circunstâncias da vida. Se você não vê como faz isso, causará esse sofrimento inconscientemente e então não compreenderá por que a sua vida é difícil. Você culpa as outras pessoas pelos seus problemas: os seus pais, a sua mulher, o seu marido, os seus filhos, o seu chefe, talvez até Deus.

Eu peço que você assuma a responsabilidade não apenas pelo que você faz, mas também pelo que você pensa. Eu peço que você compreenda o poder que os seus pensamentos têm para gerar estados emocionais negativos, dos quais se originam as ações equivocadas. Perceba como o pensamento de que ninguém o ama faz com que você não sinta amor pelas pessoas que, aos seus olhos, são amadas, e tenha inveja delas. Perceba como o pensamento e o estado emocional subseqüente dão origem a atos hostis, que afastam você das outras pessoas.

O pensamento "Ninguém me ama" torna-se uma profecia que acaba por se cumprir. Cultivando esse pensamento, sentindo-se pouco amado e agindo de modo hostil com as outras pessoas, você se afasta do amor que tanto quer.

Da próxima vez que você tiver esse pensamento, por favor, tome consciência dele. Se você perceber que está ficando deprimido, por favor, tome consciência disso. Se você falar ou agir de um modo que o distancia das outras pessoas, por favor, tome consciência disso. Não se julgue mal por causa disso nem tente mudar coisa alguma. Só traga a sua consciência para todo o ciclo dramático que vai do pensamento para a ação.

Perceba como os seus estados emocionais e mentais negativos provocam sofrimento na sua vida. Veja como a sua negatividade acaba por se confirmar. Toda vez que se distancia das outras pessoas, você dá substância à crença de que ninguém o ama. A verdade, no entanto, é que essa experiência é criação sua. Não é verdade que ninguém o ama. A verdade é que você não se sente amado.

Quando você vê o drama se desenrolando na sua frente, é mais fácil assumir a responsabilidade por ele. Então você passará a dizer a verdade a si mesmo. Quando o pensamento de que ninguém o ama lhe ocorrer, você o reconhecerá e o remodelará de um modo mais verdadeiro e responsável, dizendo, "Percebo que não estou me sentindo amado neste momento".

Em vez de tentar jogar nos ombros das outras pessoas a responsabilidade por não se sentir amado, você assumirá a responsabilidade por esse sentimento. O mero fato de parar de responsabilizar os "outros" pelos seus estados emocionais negativos e de assumir a responsabilidade por eles é o começo da cura e da correção.

Quando sabe que não está se sentindo amado, você naturalmente pergunta: "O que eu posso fazer para me sentir amado neste momento?" O que você constata ao formular essa importante pergunta é que o único jeito de suscitar o "sentimento" de que é amado é ter um "pensamento" amoroso. Os pensamentos amorosos causam um estado emocional em que você se sente amado. E esse estado emocional positivo o leva a ter atitudes que restabelecem a sua ligação com as outras pessoas.

Ora, não importa se esse sentimento amoroso diz respeito a você mesmo ou a outra pessoa. Qualquer pensamento amoroso serve. O amor não é nem egoísta nem seletivo. Vale amar qualquer pessoa. Quando você oferece amor a outra pessoa, você também dá amor a si mesmo.

Quando o medo e a dúvida despertam na sua psique, você tem a opção de nutrir esses sentimentos ou não. Se nutri-los, você acabará acreditando que outra pessoa é responsável pela sua infelicidade e se sentirá incapaz de mudá-la. Se não nutrir os pensamentos negativos quando eles surgirem, você se lembrará várias e várias vezes de que você mesmo é responsável por tudo o que pensa, sente e vive. Se quer viver uma experiência diferente, você tem de escolher um pensamento diferente. Tem de substituir o pensamento de medo pelo sentimento de amor.

O que leva você a buscar incessantemente o amor das outras pessoas é o fato de não perceber que o amor só pode vir da sua própria consciência. Ele não tem relação com mais ninguém. O amor brota da sua disposição de ter pensamentos amorosos, de nutrir sentimentos amorosos e de praticar atos inspirados no amor e na confiança. Se estiver disposto a isso, a sua taça transbordará. Você terá constantemente o amor de que precisa e ficará encantado em oferecê-lo aos outros.

O manancial do amor está dentro do seu próprio coração. Não espere que os outros lhe dêem o amor de que precisa. Não culpe os outros por não amá-lo. Você não precisa do amor das outras pessoas. Você precisa do seu próprio amor. O amor é a única dádiva que você pode conceder a si mesmo. Faça isso e o universo o apoiará! Não faça isso e o jogo de esconde-esconde continuará: você buscando o amor em todos os lugares errados.

Só existe um lugar onde você pode procurar o amor e encontrá-lo. Ninguém que o tenha procurado ali já se desapontou.

O Drama do Relacionamento

Num relacionamento, é tentador acreditar que a outra pessoa tem a chave da nossa felicidade. Se essa pessoa é feliz e carinhosa com você, é fácil pensar de maneira positiva. Mas, se ela é desanimada, introspectiva e dada a pensamentos e emoções negativos, não é fácil manter essa positividade.

O modo como você se sente em geral é determinado pela maneira como as outras pessoas o tratam. Mas não é preciso que seja assim. Embora você não possa controlar a maneira como as outras pessoas reagem a você, você pode escolher como vai reagir aos pensamentos, sentimentos e atitudes delas.

Se elas julgam você, apontam as suas falhas ou se negam a amá-lo, fica evidente que elas não se sentem amadas. Elas estão tomadas de dúvidas e de medos. Entenda de uma vez por todas que você não é responsável pelos sentimentos delas. Não aceite que o culpem pelo que estão sentindo. Procure apenas estar presente e ser tão amável quanto possível. Se não conseguir, tente se afastar da situação. Não se deixe afetar pela negatividade da outra pessoa e evite brigar com ela. Vá para outro cômodo. Faça uma caminhada solitária. E esforce-se para encarar a si mesmo com amor e aceitação.

Não deixe de se amar até sentir que não precisa mais buscar a aprovação da outra pessoa. Quando o seu amor-próprio preencher você e começar a transbordar, passe a irradiar amor para a outra pessoa. Cultive pensamentos positivos. Disponha-se a esquecer o comportamento negativo dela. Compreenda que essa negatividade e autoproteção são causadas pelo medo que ela sente. Sinta compaixão pelo sofrimento dela, mesmo que ela mesma o tenha criado. Quando cruzar com essa pessoa, dirija-lhe um olhar gentil, uma palavra amável ou um abraço. Ofereça a ela o amor que você encontrou dentro de si mesmo.

O amor não se queixa, não briga nem condena. O amor simplesmente aceita o outro exatamente como ele é. O amor não toma conhecimento do medo, pois sabe que ele não é real. Trata-se de uma ruga temporária no tecido da vida. As rugas não duram para sempre. Em breve o tecido pode ser alisado e a ruga desaparecerá. O amor respeita o tecido e sabe que ele é suficientemente flexível para se ajustar a novas condições.

Nenhum parceiro é feliz o tempo todo. Não deixe que a sua felicidade dependa da felicidade do seu parceiro. Isso só serviria para arrastar vocês dois para o buraco. Cuide do seu jardim e ofereça uma rosa ao seu parceiro para que ele possa apreciar o seu perfume. Recusar-se a cuidar do seu próprio jardim e reclamar que o parceiro nunca lhe dá rosas não fará com que nenhum de vocês se sinta melhor.

Se uma pessoa está de mau humor ou triste, a outra tem de mergulhar fundo dentro de si para encontrar a fonte do amor. Quando ela entra em contato com a sua luz interior, por um tempo precisa carregá-la bem no alto pelos dois. Desse modo o parceiro não se esquecerá de que essa luz existe, mesmo que não consiga enxergá-la em si mesmo.

Isso não significa que uma pessoa tenha de assumir sozinha a responsabilidade pelo relacionamento. Pois os relacionamentos consistem em dar e receber. O que também não significa que não haverá momentos em que um parceiro terá de fazer das tripas coração para manter o contato com a Fonte, enquanto a outra pessoa sucumbe ao medo e à falta de confiança em si mesma. Isso nunca é fácil. Mas é geralmente necessário quando se tem um compromisso sério.

Compromisso

O seu maior compromisso é sempre consigo mesmo. Quando tem um compromisso consigo mesmo, você pode assumir compromissos com outras pessoas. Mas tente assumir compromissos com outras pessoas antes de assumi-lo consigo mesmo e você arranjará um bocado de dor de cabeça e deixará atrás de si um rastro de relacionamentos fracassados.

Se você mesmo não faz o necessário para causar e manter a sua felicidade, quem fará então? Você espera que o seu parceiro tome as decisões que lhe cabem e viva a sua vida por você? É claro que não! Você é que tem de fazer as suas próprias escolhas. Você é responsável pela sua própria felicidade. Então corra atrás dela! Não perca tempo! Dê a si mesmo permissão para buscar o que lhe agrada e expressar os seus talentos. A sua disposição para fazer isso é essencial para a sua realização criativa. Ninguém mais pode fazer isso por você.

Essa responsabilidade continua mesmo quando você tem um parceiro. Você não pode colocá-la sobre os ombros de ninguém. Ela é sua e apenas sua. Não importa o quanto você se sinta emocionalmente próximo do seu parceiro, ele nunca será responsável pelas suas conquistas e pelos seus fracassos.

Num relacionamento saudável, os parceiros ajudam um ao outro a assumir a responsabilidade pela própria felicidade e realização criativa. Eles geralmente oferecem um ao outro estímulo e opiniões positivas. E então deixam que o outro faça as suas próprias escolhas. Eles têm confiança de que o parceiro encontrará o seu próprio caminho. Não criticam os seus objetivos nem interferem nas suas tentativas de cumpri-los.

Num relacionamento saudável, as pessoas não interferem no processo criativo umas das outras. Mesmo quando trabalham juntas, elas encontram uma maneira de respeitar a autonomia da outra.

Se os parceiros não tiverem autonomia nem tempo e espaço para crescer como pessoa, deixarão de ter respeito um pelo outro. A autonomia, porém, é apenas um dos ingredientes. Ter um objetivo em comum é igualmente importante.

O casal tem de ter sonhos, valores e aspirações em comum. Tem de ter a visão de uma vida a dois em que possa progredir como um casal.

Quando a autonomia ou o objetivo em comum do casal não é forte o suficiente, o relacionamento não prospera. Em alguns relacionamentos, o objetivo em comum é bem definido, mas a autonomia não é suficiente. O relacionamento não progride porque os parceiros não são desafiados a crescer. Em outros relacionamentos, a autonomia é forte, mas o objetivo em comum e a experiência a dois não são suficientes. Os parceiros se expressam com desenvoltura como indivíduos, mas não passam tempo suficiente juntos. A ligação emocional entre o casal se afrouxa e eles começam a perder de vista as razões que os levaram a ficar juntos.

Nenhum desses extremos é salutar. Os casais precisam se empenhar para conseguir se expressar como indivíduos, assim como para fortalecer o seu propósito em comum. Num relacionamento saudável, o compromisso com o eu e o compromisso com o relacionamento têm o mesmo peso e a mesma intensidade.

Os Frutos da Parceria

Nem todo mundo está preparado para assumir um compromisso consigo mesmo. Algumas pessoas se casam para fugir de si mesmas e para não ter de aprender a amar e a enriquecer a própria vida. A maioria dos casamentos desse tipo não dura, pois existe insegurança e carência demais de ambos os lados.

Há situações em que os parceiros saem desses relacionamentos mais fortalecidos para viver a própria vida. Nesse caso, o parceiro faz o papel da família, dando ao outro a força e a autoconfiança necessárias para viver por conta própria. Posteriormente, quando já constataram que conseguem se arranjar sozinhos e aprenderam a expressar os próprios dons, as duas pessoas podem travar relacionamentos mais conscientes, em que tenham um propósito em comum com outra pessoa.

Chega a ser trágica a situação em que duas pessoas vivem juntas, mas não se responsabilizam pelo próprio processo de individualização. É igualmente trágico ver duas pessoas juntas sem que tenham um propósito em comum. Não quero dizer que uma pessoa tenha de se sacrificar, a ponto de não se tornar uma pessoa autêntica, para poder ter um propósito em comum com o parceiro. Nem que ela tenha de abrir mão da convivência com o parceiro para que possa realizar o seu próprio potencial criativo. Esses dois assuntos não se excluem. Pode-se cuidar de ambos ao mesmo tempo. A tentativa de conciliar essas duas questões igualmente importantes é o que causa grande parte da tensão e dos subseqüentes desafios presentes num relacionamento.

Embora todas as pessoas deste planeta tenham de aprender a amar e a aceitar a si mesmas, esse não é o nosso único propósito aqui. Também temos de aprender a amar e a aceitar a pessoa com quem vivemos. Estamos aqui para dar a nós mesmos a permissão de buscar o que nos dá alegria, apesar de todos os obstáculos que se interpõem no nosso caminho, e de dar essa permissão também ao nosso parceiro, além de ajudá-lo a buscar também o que lhe dá alegria, não importa o quanto isso pareça nos afetar.

Fingir que qualquer uma dessas tarefas é fácil para nós é um absurdo, pois elas trazem em seu bojo lições para uma vida inteira. Precisamos nos submeter a essas lições para nos sentirmos realizados e completos.

Os relacionamentos oferecem a você um profundo caminho espiritual. O seu parceiro não é só seu amigo, seu amante e seu companheiro, como também seu professor. Ele reflete de volta para você toda a beleza que existe no seu interior, assim como todo medo, toda dúvida e toda ambivalência que jazem nas profundezas da sua alma. Assim que você começa a aceitar as aparentes imperfeições do seu parceiro, você passa a integrar os seus próprios medos reconhecidos.

Talvez não exista um caminho mais rápido para a inteireza psicológica e para o despertar espiritual do que o relacionamento. Mas ele é também um dos mais desafiadores.

Você tem de ser realista se optar por trilhar esse caminho. Embora a sua vida a dois possa ter momentos divertidos e agradáveis — e esse é um objetivo a se buscar — também existem aqueles em que um ou ambos os parceiros se sentem ressentidos e na defensiva. A sua maior realização como casal não é a capacidade de contornar a dor, mas de enfrentá-la juntos sem jogar a responsabilidade sobre os ombros do outro.

Procure, de todas as maneiras possíveis, passar bons momentos ao lado do seu parceiro e elogiar a beleza dele. Mas não pense que você falhou caso os seus medos venham à tona e você comece a enxergar o outro como seu adversário e não um amigo. É justamente nesse momento que a sua verdadeira tarefa se inicia. Se você conseguir realizar a tarefa de reconciliação interior e exterior, ao mesmo tempo que preserva a alegria e reverência que têm um pelo outro, você conseguirá edificar uma união forte e profunda. Essa é a base em que o amor tem de se apoiar para crescer e dar as suas mais lindas flores.

Como Inspirar o Amor que Você Quer

Você não pode forçar outra pessoa a amar você da maneira como quer ser amado. Exigir certas expressões de amor só dificultará que as pessoas o vejam com bons olhos e reajam bem ao seu comportamento.

Para conseguir o que quer você tem de pedir. A comunicação clara é importante. Mas, depois que comunicou o que quer, você tem de esperar e dar ao outro tempo e espaço para atender ao seu pedido da melhor maneira possível.

Quando faz isso, você percebe a atenção que o parceiro dá ao que você diz e sua disposição para atender às suas preferências. Qualquer esforço que ele faça tem de ser aplaudido. Se você criticar as tentativas dele para agradar você, dizendo que são inúteis ou não estão de acordo com o que você esperava, isso pode fazer com que, no futuro, ele não se preocupe tanto em atender aos seus pedidos. Para retribuir os esforços que ele fizer para agradar você, procure deixar de lado as suas idéias pouco realistas e simplesmente aceite a dádiva que ele lhe oferece.

Quando você reconhece os esforços do seu parceiro e os elogia, você o ajuda a se sentir feliz e satisfeito ao se dar para você e a ter vontade de se dar mais ainda.

A crítica que você faz ao seu parceiro por não atender às suas expectativas é o jeito mais rápido de destruir o seu relacionamento. A crítica nunca é construtiva. A gratidão e o elogio são os degraus para a felicidade de um casal.

Se você não receber o que solicitou, reconheça o que efetivamente recebeu e peça novamente o que não recebeu. Não peça com raiva ou ressentimento. Isso seria uma rejeição, não um pedido.

Peça com carinho e respeito, sabendo de antemão que o seu parceiro teria o maior prazer em atender ao seu pedido, e depois dê a ele tempo e espaço para que ele esboce uma reação autêntica. Dessa maneira você terá mais chance de receber o que quer.

Às vezes, pode acontecer de você pedir de todas as maneiras certas e, mesmo assim, perceber que o seu parceiro não tem condições de atender ao seu pedido. Quando sabe que fez tudo o que estava ao seu alcance para comunicar o que queria e não ter expectativas, você tem de enfrentar o fato de que o seu parceiro ou não quer ou não pode satisfazer às suas necessidades. Normalmente, quando é sincero com o seu parceiro, você descobre que ele sente o mesmo desapontamento e a mesma frustração que você. Ele sente que você não está disposto a atender às necessidades dele e a compreender as suas preocupações.

Quando isso acontece, vocês têm de fazer uma escolha. Vocês podem romper o relacionamento e buscar outros parceiros que tenham mais condições de atender às suas necessidades, ou podem dar um novo fôlego ao compromisso que têm entre si demonstrando disposição para serem mais carinhosos, tolerantes e receptivos. A segunda alternativa costuma ser preferível, pois a maioria dos relacionamentos pode atingir um novo patamar quando o casal pára de se preocupar com o que não está recebendo e passa a se concentrar no que pode oferecer um ao outro.

No caso de você e o seu parceiro decidirem pela separação, convém que façam isso de maneira afetuosa, sem guardar mágoas ou ressentimentos e oferecendo, sempre que possível, amor e apoio um ao outro. Nem sempre é fácil enfrentar o final de um relacionamento ou as mudanças pelas quais ele passa, por isso é extremamente importante que haja amabilidade de ambas as partes para que não fiquem seqüelas.

Se o relacionamento acabou, reflita sobre o que você aprendeu com a outra pessoa e seja grato pelas experiências proporcionadas por esse convívio. Procure perceber quais foram os fatores que levaram à separação e assuma a responsabilidade pela parte que lhe cabe. Quando começar outro relacionamento, fique atento às questões semelhantes que possam aflorar e perceba se você consegue lidar com elas de um modo mais generoso e responsável.

Se você está aprendendo com os seus relacionamentos, perceberá que, gradativamente, está se transformando num parceiro melhor. Você se empenhará para que exista mais sinceridade e integridade nos seus relacionamentos e, com isso, conseguirá um grau maior de intimidade com o parceiro.

Quando surgirem as mesmas lições com outros parceiros, provocando em você os mesmos sentimentos de mal-estar e frustração, considere a possibilidade de que você precise mudar algo dentro de si para que possa se relacionar bem com outra pessoa. Um bom terapeuta pode ajudá-lo a encarar os seus padrões de relacionamento, descobrir o que os causou e como pode transformá-los. Quando você tiver uma idéia melhor das maneiras pelas quais resiste à intimidade e ao amor, você terá mais condições de se manter aberto às pessoas que estão tentando fazer o que podem para amar e aceitar você. E você também pode aprender a mostrar ao outro os aspectos de si mesmo que sempre procurou esconder.

A beleza de todo relacionamento é o fato de que ele carrega com ele um grande potencial para o aprendizado. Quando você estiver ciente desse potencial e disposto a explorá-lo, não ficará desapontado, independentemente do resultado do relacionamento. Nenhum relacionamento dura para sempre. Todos eles começam e acabam naturalmente. As pessoas se aproximam porque têm coisas importantes a aprender juntas. Quando essas lições são aprendidas, elas se separam para enfrentar desafios diferentes com outros professores. Essa é a vida.

O truque é não se preocupar em saber quanto tempo o relacionamento vai durar, mas dedicar a ele toda a sua atenção e energia. Desfrute ao máximo da companhia do parceiro. Aprenda o quanto puder com os momentos dolorosos. Faça o possível para ser sincero e cristalino com o outro. Procure ir um pouco além dos seus limites. Seja flexível e construtivo. Seja o primeiro a ceder e a abençoar. Dê sem se preocupar em receber. E, quando tropeçar, levante e ria da sua estupidez. O seu parceiro — não importa o quanto ele seja difícil — oferece a você uma oportunidade única de crescer e se desenvolver, transformando-se num ser humano cheio de compaixão.

Eu não poderia desempenhar melhor essa tarefa do que ele. Portanto, faça o possível para ser grato. Todos os dias, enumere as bênçãos que você tem na vida. Dê amor e apoio ao seu parceiro e a você mesmo. Diga ao outro que ele está fazendo um bom trabalho. E nunca deixe de se empenhar para ser uma pessoa leal, aberta e amorosa.

Você nunca será perfeito em sua capacidade para dar e receber amor. Não tente ser. Tente apenas ser um pouquinho mais aberto do que antes para dar e para receber. Lembre-se, você está aprendendo. Vai cometer erros. Vai acabar metendo os pés pelas mãos e o mesmo acontecerá ao seu parceiro. Mas aceite os seus erros e os abençoe. Aceite os erros do seu parceiro e o abençoe pela disposição que ele tem de se manter aberto ao amor. Isso é tudo o que você pode fazer.

Existe uma perfeição na disposição para aprender que talvez você só possa compreender se pensar nos seus filhos. Quando se recorda do tempo em que eles eram pequenos, você não se lembra dos erros que cometiam. Você se recorda do esforço que fizeram para se superar, para abraçar a vida e aprender com ela. Você se esquece dos erros deles e louva o seu espírito indomável.

Se você conseguir olhar para si e para o seu parceiro com essa mesma compaixão, saberá encarar os seus erros da perspectiva certa. Você celebrará os seus pontos fortes e perdoará os seus pontos fracos. Vocês verão um ao outro sob a luz do perdão e do apreço mútuos.

Duas pessoas que praticam o perdão no dia-a-dia podem ficar juntas para sempre. Essa pode não ser a escolha delas, mas nada as impedirá se assim quiserem. Se uma delas ou ambas decidirem que algo precisa mudar, elas comunicarão isso ao parceiro com amor e respeito e esperarão pacientemente até que ele esteja pronto para aceitar seu pedido.

Não existe nada mais salutar do que a prática do perdão nos seus relacionamentos mais próximos. Nenhuma outra área da sua vida lhe oferece tantas oportunidades para entender as suas feridas e para curá-las. O seu parceiro é a parteira que o ajudará a nascer em todo o seu potencial. Sendo grato a ele você aprende a se libertar dos padrões negativos que comprometem a sua felicidade. Por meio do espelho que o seu parceiro segura diante de você, você descobre a sua plenitude e aprende a oferecer a sua dádiva ao mundo.

IV
Criatividade e Abundância

*Abundância não significa que você
tenha uma grande quantidade de dinheiro ou bens materiais.
Significa que você tem o que precisa, usa isso com sabedoria
e dá aos outros o que não precisa. A sua vida tem
estabilidade,
equilíbrio e integridade. Você não tem nem menos
nem mais do que precisa.*

A Energia Criativa

Toda energia é potencialmente criativa. Esse potencial para a criação passa a ser ilimitado quando a energia se expressa no mundo da forma. Esse mundo, por natureza, limita e restringe. Ao limitar o seu potencial criativo, a forma canaliza e projeta a energia de maneiras específicas. A forma restringe certos potenciais energéticos, possibilitando que outros potenciais se expressem na realidade tridimensional.

A forma faz escolhas. Ela dá ênfase a alguns aspectos e tira a ênfase de outros. Ela prioriza. Ela compõe um quadro. Sem a forma, não haveria obras de arte. A energia estaria em toda parte ao mesmo tempo e por isso seria invisível ou não-manifesta. A manifestação consiste na projeção da energia numa certa direção ou com certo propósito. É o movimento do ilimitado para o limitado, do abstrato para o concreto, do invisível para o visível.

Toda criatividade manifesta é um diálogo entre a energia e a forma. No seu nível de realidade, não faz sentido falar de energia sem falar da forma. Não faz sentido falar da expressão da sua energia criativa sem falar das escolhas que você faz na vida. O que você come, o que você pensa, o que você respira e o que você fala determinam o modo como a energia se expressa no seu veículo corpo/mente. Cada escolha que você faz na vida influencia o modo como você dá ou recebe energia.

Você é uma forma animada, um corpo energético. A sua consciência corpo/mente é um recipiente temporário para a energia universal de criação. Essa energia se expressa por seu intermédio de maneira única, por meio dos seus genes e cromossomos, assim como pela conformação da sua personalidade. À medida que a sua consciência corpo/mente se expande com amor, você fica cada vez mais disposto a dar e receber a energia universal de criação. Inversamente, quando se contrai de medo, você passa a ser menos capaz de dar e receber a energia de criação.

A capacidade de se expandir faz parte da natureza da energia. A capacidade de se restringir também faz parte da natureza dela. Esse é um dos inevitáveis paradoxos que você tem de enfrentar na vida.

A energia de criação quer abrir você e a estrutura do seu corpo e da sua mente resistem a essa expansão. O mais importante é perceber que toda estrutura pertence ao passado, pois a energia só existe no presente. Ela é como um rio fluindo diante de você enquanto observa da margem. As águas que você observa nunca são as mesmas. Da mesma maneira, a energia dentro de você nunca é igual à que existia cinco minutos antes. Ela é sempre nova. Isso é uma verdadeira sorte, pois significa que você nunca é limitado pelo passado. Todo ajuste que você faz na sua consciência no presente exerce um efeito imediato sobre a energia que flui através de você. Quando o seu corpo físico fica mais saudável e a sua estrutura mental, mais flexível e integrada, você se torna cada vez mais capaz de dar e receber energia, do ponto de vista físico, emocional, mental e espiritual.

Você é um diálogo contínuo entre a energia e a forma. Quando sente medo, você contrai todos os níveis do seu ser. A energia fica confinada no seu corpo/mente sem poder sair e você sente tensão e dor físicas, fica emocionalmente abalado e padece de agitação mental. Esses sintomas, quando não são tratados, podem provocar outros ainda mais graves: doenças físicas, o rompimento de um relacionamento, a perda do emprego ou problemas financeiros.

Por outro lado, quando você se sente preenchido de amor, a energia flui sem encontrar obstáculos através do corpo/mente. Você se sente fisicamente bem e a sua mente fica receptiva e alerta. Você sente gratidão pelo que acontece na sua vida no momento e aberto a novas possibilidades.

Quando você encara a vida com medo, passa a ter um comportamento defensivo e controlador que o afasta do amor e da abundância. Uma atitude de amor provoca um comportamento confiante que leva as outras pessoas em consideração e as inspira a apoiar você e a tratá-lo com a mesma consideração.

O amor abre a consciência corpo/mente para o seu potencial energético máximo, possibilitando que as outras pessoas "sintam" a energia de aceitação, gratidão e bondade fluindo na direção delas. Isso faz com que elas abram o coração e a mente para o seu próprio potencial e se sintam capazes de compartilhar os seus dons criativos com os outros. É assim que se gera abundância neste mundo.

O Ego Bloqueia a Abundância

A energia de criação é interpessoal e transpessoal. Ela passa de você para as outras pessoas e delas para você. Embora essa energia sustente você de maneiras muito básicas, ela não pertence a ninguém. Ninguém tem uma ligação especial com essa energia. Assim que alguém afirma ter a posse dela, a ligação dessa pessoa com ela enfraquece.

Quando existe confiança e respeito mútuo nos seus relacionamentos, você cria uma ligação energética que recebe o apoio da energia de amor do universo. É por isso que eu digo, "Quando dois ou mais se reunirem em meu nome, eu estarei presente".

Para entrar em sintonia com a energia de criação, você precisa abrir mão dos planos do seu ego. Esses planos se originam da sua crença de que você pode manipular as pessoas e os acontecimentos de modo a conseguir o resultado que quer. Os planos e interesses do seu ego são míopes e egoístas. Eles não levam em conta o bem das outras pessoas e, por isso, também não levam em conta o seu próprio bem, embora você possa achar que eles levam.

Quando engana outra pessoa para conseguir o que quer, você perde não só o que pensa que poderia conseguir, mas também o que ganharia se agisse de maneira menos egoísta. Toda tentativa egoísta de ganhar alguma coisa acaba causando perda e derrota, pois as atitudes egoístas não recebem o apoio do universo.

Aqueles que tiram vantagem das outras pessoas podem ter grande determinação e habilidade, mas isso não faz com que recuperem a ligação que perderam com a energia de criação. Outros igualmente determinados se unirão e, apoiados por forças invisíveis, acabarão por vencê-los, pois Davi sempre vence Golias. Não por ser maior ou mais forte, mas porque a sua intenção é clara e ele tem amor no coração.

Embora às vezes possa parecer que o medo é capaz de concentrar mais forças do que o amor, ele nunca consegue manter essas forças coesas. As forças provenientes do medo sempre acabam se fragmentando. Quando as expectativas egoístas de um grupo não são mais atendidas, ele sucumbe ou passa para o lado contrário.

O amor tem um poder de sustentação muito maior do que o medo, pois ele é pacífico e paciente. Quando ele não atrai ajuda de imediato, não se desespera, mas encontra conforto e fé na força e lucidez que já possui.

Eu disse que "aqueles que viverem pela espada morrerão pela espada". Aqueles que tentam tirar vantagem dos outros serão vítimas das suas próprias ações equivocadas. Essa é a natureza da jornada kármica. Toda vez que tenta prejudicar outra pessoa, você acaba prejudicando a si mesmo. Pois, tudo o que você pensa e faz contra os outros acaba voltando para você. Só aquele que realmente perdoa e não quer vingança quebra o círculo vicioso egóico da violência.

Se você quer se abrir para a abundância na sua vida, tem de desistir da idéia de que pode ganhar alguma coisa com o prejuízo dos outros. Esse é um pensamento da mente egóica que está baseado no medo e tem de ser reconhecido e evitado para que novos padrões entrem em ação na sua vida.

Felizmente, existe outra saída, uma saída que começa quando você reconhece que o seu bem e o bem do seu irmão e irmã são a mesma coisa. Quando aceita a igualdade entre vocês, você volta a se ligar à energia de criação e essa energia lhe dá sustentação.

Com essa sustentação, os seus esforços não são infrutíferos. Os resultados vêm espontaneamente e no tempo certo. Mas você está sempre sendo solicitado a deixar de lado as expectativas, de modo que o seu trabalho possa fluir por meio de você e com você.

Embora possa ser proprietário da área em que trabalha, você nunca pode ter a propriedade exclusiva do trabalho como um todo, pois o trabalho de criação é essencialmente colaborativo. Ele não pode ser feito sem a contribuição de muitas pessoas. A sua engrenagem precisa se encaixar nas outras engrenagens, caso contrário a integridade da roda ficará comprometida.

As exigências desse caminho são tão grandes quanto as do caminho egóico da manipulação e da luta. Mas as recompensas do caminho do Espírito são imensamente maiores, pois aqueles que optam por ele encontram a felicidade. Por servirem os outros, o amor os serve. Por darem sem esperar nada em troca, o universo lhes concede dádivas inimagináveis. Por viverem com alegria no presente, o futuro se abre diante deles, cheio de graças. Quando surgem desafios, eles se dispõem a enfrentá-los. Quando surge a decepção, eles se voltam para o seu mundo interior e se livram das barreiras que o impedem de sentir a presença do amor em sua vida.

Quatro Passos para se Libertar do Medo

Você acredita que o ego sabe o que é bom para você e pode proporcionar-lhe o que quer. Isso não é verdade nem nunca será, embora seja uma crença que você aceita sempre que adota uma estratégia do ego. O ego lhe promete tudo o que você quer, mas quantas vezes ele cumpre essa promessa? Se você responder a essa pergunta honestamente, terá de admitir que ele nunca cumpre o que promete.

Todos os planos do ego são motivados pelo medo. Você ouve a voz dele porque tem medo. Se não tivesse, ouviria uma voz diferente.

O ego parece oferecer a você um jeito de escapar do medo, mas como algo que se origina do medo pode fazê-lo escapar do medo? Isso é impossível. Só aquilo que não é provocado pelo medo pode mostrar a você um jeito de se afastar dele.

A chave de tudo é reconhecer o medo. Depois que sabe que tem medo, você percebe que toda decisão que toma enquanto está nesse estado é contraproducente.

Quando você está com medo, o único curso de ação construtivo é reconhecer esse medo, perceber que no momento você é incapaz de tomar boas decisões e começar a aceitar o seu medo e superá-lo.

Eis quatro passos que podem ajudá-lo a fazer isso.

Em primeiro lugar, reconheça o seu medo. Observe os sinais que demonstram o surgimento do medo: a respiração fica rápida e superficial, o coração começa a bater mais rápido, você fica nervoso, ansioso e tem raiva e pensamentos de ataque. Fique atento ao seu estado físico, emocional e mental, sem julgá-lo nem tentar mudá-lo. Reconheça esse estado para si mesmo e, se outra pessoa estiver envolvida, para ela também.

Em segundo lugar, reconheça que a solução oferecida pelo ego é motivada pelo medo. Entenda que o seu ego sempre terá uma solução para todo suposto problema. Mas, quando você ouve essa solução, não sente paz. Na verdade, a sua raiva aumenta, assim como o seu sentimento de vitimismo, as suspeitas com relação à outra pessoa e o seu comportamento defensivo diante dela. A solução do ego não pode lhe trazer paz. O que ele pode fazer é aumentar o seu mal-estar para que você possa finalmente reconhecer esse sentimento.

Em terceiro lugar, aceite o medo. Envolva-o num abraço. Diga a si mesmo, "Qual o problema em ficar com medo? Deixe-me ficar com o meu medo. Deixe-me observar por que ele aflorou em mim agora". Não seja analítico nesse momento. Não se entregue a pensamentos. Fique no seu corpo emocional e ouça o que se passa ali. Você saberá quando já tiver ouvido o suficiente, pois começará a sentir mais paz, muito embora ainda não tenha a solução para o seu dilema.

Em quarto lugar, diga a si mesmo: "Eu não tenho de decidir nada agora. Eu posso esperar até que o meu medo diminua e eu possa ter mais discernimento para tomar qualquer decisão necessária."

Seguindo esses quatro passos, você conseguirá encarar a si mesmo com mais amor e aceitação. E, a partir desse sentimento de compaixão, será possível encontrar uma solução, para o seu dilema, que não seja motivada pelo medo.

Não se pressione, porém, a encontrar uma solução. A pressão só servirá para provocar mais medo. Continue se amando e aceitando o seu medo. Tenha paciência e deixe que a resposta brote de uma parte da sua psique que não conheça o medo.

Saiba que o ego não tem solução para nenhum dos seus problemas. Apesar de estar sempre fazendo promessas, ele não sabe do que você precisa.

Não importa o quanto ele tente, o medo não pode trazer amor. Na verdade, quanto mais ele tenta, mais dificuldade encontra. E quanto mais dificuldade encontra, com mais empenho ele tenta. Essa espiral descendente de esforço árduo e inútil não cessa enquanto o medo não for aceito pelo que ele é e a pessoa tiver a expectativa de encontrar uma solução. Quando o medo não for mais encarado como uma coisa errada, ele é libertado, assim como você.

Ouça a Resposta de Deus

O medo nunca é o inimigo, assim como o ego também não é. Todo mundo tem medo. Todo mundo tem ego. Ninguém espera que você deixe de ter medo, apenas que você tenha consciência dele e o aceite. Ninguém espera que você se livre do ego, mas que o reconheça com compaixão, ao mesmo tempo que percebe que ele não pode lhe trazer entendimento ou paz.

Se você quer ouvir a resposta de Deus, primeiro tem de ouvir a resposta do ego com compaixão. Você tem de dizer para a parte de você que está assustada, ferida e zangada, "Eu sei que você tem medo; tudo bem. Eu compreendo. Eu também entendo o que você quer fazer. Vou pensar sobre isso. Mas, enquanto isso, eu gostaria que você pensasse que pode haver um jeito melhor de encarar essa questão". Se você se dirigir ao ego desse modo carinhoso, ele ficará mais calmo, o medo dele diminuirá e ele sentirá que foi ouvido. Essa atitude simples de falar gentilmente com o aspecto do seu ego que sente medo promove uma alteração na psique, afastando-a do medo.

Você só tomará consciência da presença de Deus quando tratar o seu medo com amor. É amando e aceitando todos os aspectos do seu eu que você prepara o terreno para o Divino. Assim você abre espaço no seu templo interior para que Deus possa entrar.

E Ele entrará. Dedique-se a essa prática simples e você constatará. Deus virá e falará com você. E a voz que você ouvirá trará paz e entendimento. A voz que você ouvirá ligará você energeticamente com a consciência do amor. Você não será a mesma pessoa depois que tiver entrado em comunhão com Deus interiormente. Pois todas as mágoas se dissiparão. E você estará vibrante; aceitará a sua vida e tudo o que ela lhe traz. Você conhecerá a perfeição dela e entenderá o que ela quer de você, mesmo que você não consiga traduzir isso em palavras.

Quando surgir problemas e o medo aflorar em você, lembre-se, "É natural ficar com medo. Não há nada errado em não saber a resposta". Esse é o começo da sua rendição ao Divino dentro de você. "Aquilo que sabe" não pode assumir o comando enquanto você não perceber que não sabe e não pedir ajuda. Enquanto você precisar ficar no comando, Deus não interfere.

E que é Deus afinal, meus amigos, senão aquela parte de você que sabe e compreende, que ama e aceita você sem condições, em todas as circunstâncias, agora e para todo sempre? Esse ser não está fora de você, mas no fundo do seu coração. Quando você pergunta com sinceridade, é essa parte de você que responde. Quando você bate, é ela que abre a porta.

Você não pode chegar a Deus enquanto tiver medo e achar que sabe as respostas. Em primeiro lugar, você tem de reconhecer o seu medo e a sua ignorância. Então você tem de abençoar a si mesmo de modo tão profundo que até mesmo o seu medo e a sua ignorância sejam aceitáveis. Esse é o caminho para o Deus que ama você sem condições.

E quem mais você invocaria na sua luta diária? A voz conivente da criança ferida dentro de você, que se sente pouco amada e vitimizada e atacaria ou trairia os outros para salvar a própria pele? Acho que não!

Se você sabe que tem de escolher entre a criança lamurienta e a Mãe amorosa, não fica difícil perceber quem lhe daria mais conforto. E, quando você ouve a voz da Mãe, a criança ferida é confortada também.

O Mito Acerca do Mal

Mãe e filho, na verdade, nunca se separam. Eles só parecem se separar. Deus e o diabo não estão separados, mas parecem estar. A criança não tem nenhuma autoridade longe da mãe, assim como o diabo também não tem nenhuma autoridade longe de Deus.

Se o diabo existe — e ele não existe como um ente separado e independente —, ele é apenas uma personificação do ego coletivo, como uma descrição do ser que está tentando viver de modo contrário à vontade de Deus. Se Deus é todo-poderoso, e Ele é, pois Ele é Tudo O Que Existe, então o diabo só pode se separar de Deus com a permissão Dele. Se existe um diabo — se existe mal neste mundo —, ele só pode existir porque Deus permite.

Por que Deus permitiria que o mal existisse neste mundo? Por que Deus deixaria que um dos seus anjos caísse? A resposta é "Ele não deixa". O mal não existe, assim como o diabo não existe.

O que você vê não é o mal, mas a idéia do mal. Você acha que as pessoas são más. E, de fato, os atos que elas praticam confirmam essa idéia. No entanto, elas não são más, embora possam praticar atos cruéis e destituídos de amor.

Se você pudesse mudar a consciência de uma pessoa para que seus atos fossem bondosos em vez de cruéis, essa pessoa continuaria sendo má? Claro que não! Você tem de permitir a possibilidade de redenção.

Enquanto a redenção for possível, o mal absoluto não pode existir. As pessoas podem praticar atos que pareçam "cruéis", mas esses atos só parecem cruéis quando comparados com os atos das pessoas que parecem "boas". Enquanto você pedir que a pessoa "cruel" se compare com a "boa", ela só chegará a uma conclusão. Ficará envergonhada e se sentirá incapaz de mudar. Você nunca fortalece um homem que se sente culpado fortalecendo a sua culpa.

Em vez disso, você diz que ele é amado e que é digno de amor. Você diz que, na realidade, ele é "bom", não "mau". Você diz que ele está enganado a respeito de quem seja. As outras pessoas também estão. Aqueles que abusaram dele, o negligenciaram ou o humilharam, não sabiam quem ele era. Mas você sabe. E você está dizendo agora que ele é "bom" e que você está disposto a amá-lo e a ser amigo dele.

Você pode imaginar a sociedade dizendo isso aos criminosos mais endurecidos? Aos estupradores e aos assassinos? Embora seja isso o que ela deveria fazer, a sociedade só reforça a culpa dessas pessoas e perpetua o ciclo de violência.

Se quer que uma pessoa aja com bondade, você tem de estar disposto a amá-la. Só o seu amor por ela a ensinará a respeito do significado do amor. Promessas e palavras vazias não adiantarão.

Você, meu amigo, tem de amar o seu ego — a sua criança zangada e maltratada, o demônio que mora dentro de você, a capacidade que você tem de cultivar pensamentos maldosos e cometer atos perversos —, para que esse anjo caído, essa criança crística oculta na manjedoura do seu coração possa ser redimida e reconhecida pelo que ela é. Até que faça isso, você não vai poder ser uma pessoa inteira.

Você, meu amigo ou amiga, tem de amar o seu inimigo — aquele em quem você projeta os seus medos e inadequações, aquele que você culpa pelos seus problemas, o diabo encarnado nos outros —, para que você possa viver em paz com as outras pessoas e aprender a amar e aceitar a si mesmo.

A sinergia interior e a cura exterior estão relacionadas de maneira inextricável. Enquanto encontrar um inimigo dentro ou fora de você, você combaterá a verdade a seu respeito e a respeito das outras pessoas. Enquanto vir o mal ou os demônios como algo que tem uma existência independente dos seus próprios pensamentos temerosos, você ficará crucificando a si mesmo e condenando o mundo.

Pensamentos e crenças dessa natureza não ajudam em nada. Eu já lhe disse isto antes e direi outra vez: tenha cuidado com quem você condena; pode ser você mesmo.

Em cada demônio que você vê, existe um anjo que você pode descobrir, um anjo que caiu e precisa do seu amor para se elevar outra vez. Se oferecer esse amor, você descobrirá que se elevou junto com ele.

Toda pessoa tem de se elevar acima dos seus medos e preconceitos, senão corre o risco de ficar afastado do amor. Pois todo obstáculo ao amor existe apenas no seu próprio coração e é ali que ele tem de ser superado.

Não espere que o céu desça sobre a terra para começar a irradiar o seu amor. Faça isso já. Pois o céu está aqui agora. Ele está no seu coração quando você se abre para o amor. Ele está nos seus olhos quando você vê com compaixão e aceitação. Ele está nas suas mãos quando você as estende para ajudar alguém. Ele está na sua mente quando você vê o "bem" em vez de ver o "mal".

O modo como você vê o mundo determina como o mundo será para você. Enquanto você está neste mundo, essa será a sua verdade. Portanto, não tente mudar as outras pessoas ou o mundo à sua volta. Olhe para dentro do seu coração e da sua mente. Observe o seu criticismo, os seus julgamentos, os gritos por vingança e você saberá quais partes de você precisam de amor.

Você não pode salvar o seu semelhante se o seu próprio coração estiver cheio de medo. Trate então do seu próprio medo e não se incomode com o medo dos outros. Até conseguir ouvir o seu medo e abençoá-lo, você não poderá dar o seu testemunho ao seu irmão ou irmã.

Entendimento e Compaixão

Se quer viver com entendimento e compaixão, você terá de perceber que Deus é a única autoridade. Deus é todas as coisas, inclusive aquelas que tentam viver sem Deus. Pois o que tenta viver sem Deus é simplesmente uma parte de Deus que não se aceita. Trata-se de Deus fingindo que não é Deus.

As pessoas consideradas "más" não estão separadas de Deus, a não ser pelas suas próprias ações. Elas acham que não são amadas e agem de maneiras pouco amorosas. Mas Deus não deixou de amá-las. Deus não é capaz de deixar de amar alguém. Pois Deus é amor, sempre amor, em todos os momentos.

Todo pecado consiste apenas num momento temporário de separação. Ele não pode ser definitivo. Todo filho que se desviou do amor de Deus acaba retornando, pois ficar separado da Fonte da vida é muito doloroso. Quando a dor fica grande demais, todos os seres retornam. Sem exceção.

O mundo é uma escola de redenção. Todos que nascem neste planeta tentam, de um modo ou de outro, viver sem levar em conta a vontade de Deus. Todas as pessoas conhecem o medo e ouvem a voz do ego. Algumas simplesmente percebem mais rápido do que outras que não podem encontrar o amor na separação.

E todo mundo quer amor. Até o ego suplica por amor. Ele só não sabe como inspirá-lo.

Ele é assim como o filho que foi separado dos pais e ainda sonha com o amor paterno, embora não saiba que é desse amor que ele precisa. Ele acha que precisa do amor de outra pessoa. Então ele busca outro alguém para amar, mas ninguém mais pode nem nunca poderá lhe dar esse amor. O amor é oferecido e ele o recusa.

Ele pode voltar atrás e aceitar o amor que um dia recusou ou pode seguir em frente com teimosia e orgulho, buscando um substituto para o amor que recusou.

Essa é a escolha que cada um de vocês tem de fazer a todo momento. Você buscará o pai que ama você ou lhe virará as costas, com medo? Você aceitará ou recusará a autoridade de Deus?

A vontade de Deus é que você não se separe do seu bem, mas isso é algo que você tem de aprender. Quando se dispuser a deixar de lado a interpretação que o seu ego faz dos acontecimentos e circunstâncias da sua vida, e deixar que seu significado lhe seja revelado por aquele que os compreende e criou, você começará a perceber que tudo o que acontece a você é engendrado para que o seu coração se abra para a presença do amor. Quando ele se abre, você supera o medo e o deixa para trás, pois sabe que o medo não pode lhe mostrar o caminho de casa e o amor nunca deixará que você se desvie desse caminho.

A Economia do Amor

Como você provavelmente já sabe, a nação nunca terá paz e felicidade enquanto as pessoas que vivem neste mundo não tiverem paz e felicidade no coração e na mente. Quando tiverem, o mundo lhes parecerá diferente e elas acharão mais fácil dar e receber amor e apoio.

As pessoas que têm o coração e a mente abertos sentem e irradiam amor, gratidão e abundância naturalmente. Elas não têm de fazer nada especial. Pelo fato de estarem abertas, tudo de que elas precisam chega até elas. Pelo fato de terem compaixão e se preocuparem com os outros, elas doam tudo de que não precisam para aqueles que precisam. Essa é a lei do amor, que se baseia na confiança e na fé.

As pessoas que estão em sintonia com essa lei não se apegam aos seus bens nem tentam protegê-los, pois sabem que tudo o que elas têm lhes foi dado temporariamente e ficará com elas só enquanto for necessário. Quando deixar de ser, passará para as mãos de outras pessoas.

As pessoas que estão em sintonia com essa lei estão sempre aprendendo a se livrar dos seus apegos, para que possam se preparar para a etapa seguinte do seu crescimento. Elas estão sempre aprendendo a se libertar dos termos e condições do ego e a abrir espaço para que a vontade de Deus lance raízes na vida delas.

A economia do amor se baseia na entrega. A economia do medo se baseia no controle. A economia do amor está enraizada na compreensão de que existe o suficiente para todos. A economia do medo está enraizada na crença de que não existe o suficiente para todos.

Se você olhar em volta, verá esses dois tipos de economia em ação. A impressão que se tem é que a economia do medo prevalece sobre a economia do amor, mas um olhar atento revelará que a primeira está perdendo força para a segunda. Isso acontece porque, quanto mais medo as pessoas tiverem, mais elas terão de confiar no amor para sobreviver. Embora a situação pareça estar cada vez pior, na verdade ela está melhorando.

Essas são as boas notícias. As ruins é que muito poucas pessoas acreditam nisso. A maioria de vocês acredita nos profetas do Juízo Final, quando alardeiam que o mundo vai acabar com dor e sofrimento inimagináveis.

Essa crença provoca mais medo e tem potencial para se tornar uma profecia que acabe por se concretizar.

A verdadeira batalha que acontece diante de você nos dias de hoje não é entre o bem e o mal, mas entre a sua crença no bem e a sua crença no mal. Cada um de vocês tem de travar essa batalha dentro da própria consciência, e é ali que o seu sofrimento se aprofunda ou se dissipa.

Ao acreditar no mal, você se retrai emocionalmente, passa a ficar na defensiva e corta a sua ligação com a energia de criação. Essa é a consciência da escassez. Ao acreditar no bem, você se expande emocionalmente, se abre para as outras pessoas e é atraído pela energia criativa do universo. Essa é a consciência da abundância.

Ao contrário da opinião popular, abundância não significa um monte de dinheiro ou bens materiais. Abundância significa ter tudo de que você precisa, usar isso com sabedoria e dar o que você não precisa aos outros. A sua vida tem equilíbrio, harmonia e integridade. Você não tem nem muito pouco nem tem demais.

Por outro lado, a escassez não significa que você não tenha dinheiro suficiente nem bens materiais. Significa que você não dá valor ao que tem, não usa o que tem com sabedoria e nem divide isso com os outros. Escassez pode significar que você tem muito pouco. Pode significar também que você tem coisas demais. A sua vida está desequilibrada. Você quer o que não tem e não quer ou não precisa do que tem.

Eu lhe asseguro que você não terá mais felicidade se tiver mais bens materiais. Você só terá mais felicidade se aumentar a sua energia, a sua auto-expressão e o seu amor. Se isso também significar um aumento na sua conta bancária, que seja. Você terá mais o que aproveitar e dividir com os outros.

O objetivo da vida não deve ser acumular recursos de que você não precisa e nem tem possibilidade de usar. Deve ser conquistar tudo de que precisa, usufruir dessas conquistas e compartilhá-las alegremente com os outros.

A pessoa abundante não tem mais nem menos do que ela pode usar com responsabilidade e de maneira produtiva. Ela não se preocupa excessivamente em proteger o que tem ou em conseguir o que não tem. Ela está satisfeita com o que tem e disposta a dar e receber todos os recursos que Deus lhe oferece nesta vida.

V
Uma Espiritualidade de Amor e Liberdade

O amor verdadeiro não tenta prender, controlar ou escravizar, mas libertar, fortalecer, deixar as pessoas livres para encontrar a sua própria verdade. Que igreja ou templo tem interesse em fazer isso? Que estrutura religiosa dá aos seus seguidores liberdade para se realizar em nome do amor?

Além da Nova Era

Quando os ensinamentos religiosos dogmáticos e hierárquicos começaram, com razão, a ser rejeitados, surgiu uma lacuna socioespiritual. As pessoas já não estavam dispostas a deixar que autoridades externas lhes dissessem em que acreditar e então tentaram encontrar o seu próprio jeito de se ligar com Deus, com o seu propósito pessoal e com o significado da própria vida. Embora essa busca possa ser libertadora e fecunda para alguns, ela pode ser desnorteante e emocionalmente exaustiva para aqueles que precisam de mais estrutura e participação social na vida. Talvez não cause surpresa a constatação de que alguns "convertidos da nova era" gravitam em torno de igrejas conservadoras ou até fundamentalistas, que oferecem uma comunidade estável na qual seus freqüentadores regulares podem se desenvolver e os pais podem criar os filhos num ambiente seguro, onde encontram apoio.

O maior benefício do movimento da nova era foi a liberdade que ele deu aos indivíduos de explorar a espiritualidade de muitos pontos de vista diferentes, e de fazer uma síntese eclética e criativa de várias idéias. Esse movimento possibilitou que as pessoas formulassem perguntas e encontrassem as suas próprias respostas. No entanto, essas estruturas religiosas que dão ênfase ao autodesenvolvimento e fomentam a diversidade, geralmente não têm o tipo de coesão social e emocional encontrado nas comunidades religiosas mais homogêneas, nas quais os integrantes precisam se conformar às normas do grupo.

Para muitas pessoas, ou se tem liberdade ou se pertence a um grupo. Quanto mais liberdade você precisa, menor a chance de você encontrar uma comunidade onde se sinta à vontade. Normalmente, o que fortalece o grupo não fortalece o indivíduo, e vice-versa.

O ponto fraco do movimento da nova era é justamente a falta de profundidade espiritual e de coerência emocional. O excesso de livros de auto-ajuda, de oficinas e de seminários relacionados ao termo "nova era" surgiu em resposta à grande onda de interesse por modos não-dogmáticos e não-autoritários de se ver a espiritualidade. Lamentavelmente, o interesse desmedido por esse tipo de abordagem provocou o desenvolvimento de métodos superficiais e extremamente comerciais que prometem mudanças radicais sem poder cumpri-las.

O lado sombrio da consciência da nova era é a sua mentalidade da "correção imediata", a idéia de que a resposta para todos os nossos problemas está em algo fora de nós. Se um método não funciona, sempre podemos encontrar outro que funcione. Quando existem milhares de maneiras de se ver a verdade, todas elas alardeadas por alguém persuasivo, é difícil optar por uma delas e se dedicar à sua prática. O superficialismo e o diletantismo tendem a ser a regra.

No nosso ponto de vista, nem todo mundo que empreende a jornada do autofortalecimento é capaz de circular com desenvoltura pelo mercado espiritualista, peneirando o que há de melhor, até finalmente fazer uma síntese eclética dos métodos e técnicas que levam à experiência do despertar interior. Embora alguns tenham aproveitado bem essa liberdade para se conhecer melhor, existem mais casualidades na esteira dessa espiritualidade "ao alcance da mão", do que histórias de sucesso.

A confusão, as crenças contraditórias e o vício por livros, cursos e novas promessas de realização levaram a um vazio espiritual ou beco sem saída. Muitos defensores da nova era não sabem em que acreditar ou que rumo tomar. Muitos não conseguiram encontrar uma comunidade regida pelo amor. Alguns vivem uma vida egoísta, autocentrada, que não leva a uma compreensão ou compaixão mais profundas.

As asas que foram concedidas a essa geração agora estão cansadas. À medida que muitos se aproximam da segunda metade da vida, aumenta a necessidade de procurar um abrigo e de lançar raízes. As pessoas procuram amizade, valores eternos e crenças que levem em conta a dor e o sofrimento do passado, ao mesmo tempo que os exprimam de um modo significativo.

Uma Comunidade Livre e Afetuosa

O grande desafio que vocês têm hoje é aprender como se unir para criar uma comunidade que não se baseie no dogma ou na autoridade externa, mas na igualdade mútua e no respeito profundo pela experiência de cada pessoa. A pergunta é: "Como aceitar e apreciar as diferenças entre as pessoas ao mesmo tempo que se mantém a ligação emocional e a continuidade? Como ter liberdade e amor ao mesmo tempo?"

Como a maioria das formas de amor tende a ser condicional, o amor só é oferecido quando existe uma suposta concordância. É raro encontrar uma pessoa que ame quem discorda dela. Quase não se encontra pessoas que se sintam emocionalmente ligadas a alguém que tenha vivido experiências muito diferentes das delas.

O amor verdadeiro é incondicional. Ele não exclui ninguém por nenhuma razão. Ele requer que você veja além das aparências, que você veja as outras pessoas a partir da convicção interior de que todos carregam a centelha divina dentro de si.

O amor verdadeiro não tenta prender, controlar ou escravizar, mas libertar, fortalecer, deixar as pessoas livres para encontrar a própria verdade. Que igreja ou templo tem interesse em fazer isso? Que estrutura religiosa dá aos seus seguidores a liberdade de se realizar em nome do amor?

Que igreja oferece amor e inclusão a todos? Que sociedade estende a mão para os marginalizados e nunca se cansa de convidá-los a se reintegrar? Que comunidade de seres humanos procura ver além dos próprios medos e aprender a amar os inimigos?

Quando eu peço uma igreja, não é isso o que eu estou pedindo? Eu não pedi uma comunidade que reconhecesse a presença do Cristo em todos os seres humanos, uma comunidade onde não houvesse ostracismo ou expulsões? O que é a salvação, eu pergunto, se você não oferecê-la a qualquer pessoa, independentemente da sua aparência ou das suas crenças?

Amor, meus amigos, significa dar e receber liberdade. Significa fortalecer. Nunca há garantias no ato de amar. Se espera concordância ou uma reação favorável, você não é capaz de amar livremente. E, se o amor não é livre, não é amor. É uma barganha, uma negociação, um comércio.

Talvez você comece agora a enxergar o que uma igreja como a que eu pedi poderia fazer pelo mundo em que você vive. Ela não acusaria ninguém de estar errado, mas estimularia cada pessoa a encontrar o que é certo para si mesmo. Ela confiaria no amor e o apoiaria, e faria o mesmo pela luz que existe dentro de cada ser humano. Ela não promoveria um mundo dividido entre ricos e pobres, abastados e miseráveis, mas um mundo em que todos tivessem o necessário e não tivessem medo de compartilhar o que têm.

Uma igreja ou sociedade fundada em meu nome viveria segundo os princípios que eu ensinei e ensino. Ela ofereceria amor e apoio livremente a todos. Ela não acusaria ninguém de estar errado, nenhum homem ou mulher, nem baniria nenhum ser humano da comunidade da fé. Ela não seria defensiva, gananciosa ou arrogante, mas humilde, generosa e de mente aberta.

Essas qualidades existem dentro de cada um de vocês. Só é preciso cultivá-las. Não existe sequer uma pessoa que não possa amar incondicionalmente. Mas vocês têm de ser encorajados a amar desse modo. A minha igreja é uma igreja de encorajamento. Ela os chama a realizar a mais elevada verdade sobre si mesmos.

Honrar Pai e Mãe

Se você segue os meus ensinamentos, deve saber que eu o convido a se tornar a personificação do amor incondicional, do não-julgamento e da compaixão. Eu o desafio a aceitar cada pessoa que surge diante de você como um Filho de Deus, não menos perfeito do que você ou eu. Eu o desafio a dar às pessoas o amor e a liberdade que o Deus Pai e Mãe concedeu a você. Eu o chamo para amar e se entregar, para nutrir e fortalecer, para confortar e inspirar.

O amor é pacífico, mas não é estático. Ele é dinâmico, mas não sobrecarrega nem controla. Ele oferece a dádiva que você precisa receber e recebe a dádiva que você precisa dar. Ele é tanto feminino/receptivo quanto masculino/ativo.

Se você quer ser um veículo para o amor, tem de praticar o ato de dar e de receber, de liderar e de seguir, de falar e de ouvir, de agir e de não agir. O amor flui para você e de você naturalmente, à medida que você aceita as polaridades da sua experiência, integra-as e constata a sua integridade.

Você é um filho do Pai/Mãe, assim como eu sou. Como homem, você tem de imitar o pai e absorver as qualidades da mãe. Como mulher, você tem de imitar a mãe e absorver as qualidades do pai. Assim como Deus não é nem masculino nem feminino, mas ambos, você também é uma síntese das qualidades masculinas e femininas dentro de um determinado veículo corpo/mente.

As mulheres ocupam o mesmo lugar que os homens no meu ensinamento. Elas sempre ocuparam esse lugar e sempre ocuparão. Aqueles que negam às mulheres o seu lugar de direito na minha igreja terão de responder diretamente a mim.

Homossexuais, negros, asiáticos, hispânicos, evangélicos, fundamentalistas, budistas, judeus, até mesmo políticos e advogados, todos eles têm um lugar na comunidade da fé. Qualquer pessoa é bem-vinda. Ninguém deve ficar de fora. E todos os que participam da comunidade devem ter a oportunidade de ocupar cargos de liderança.

O meu ensinamento nunca exclui ninguém nem estabelece hierarquias. As pessoas impuseram os seus preconceitos e os seus julgamentos sobre a verdade pura que eu ensinei. Transformaram o templo de devoção numa prisão cheia de medo e culpa. Meus amigos, vocês têm crenças equivocadas.

Mas não é tarde demais para que vocês aprendam com os seus erros. Arrependam-se dos seus atos e das palavras cruéis que proferiram. Peçam perdão àqueles que vocês prejudicaram ou julgaram injustamente. Os seus erros só condenam vocês se insistirem em cometê-los. Não os repitam. Você pode crescer. Você pode mudar. Você pode ter mais sabedoria do que teve no passado. Você pode parar de ser um porta-voz do medo e passar a ser o arauto do perdão e do amor.

Não se pode recusar nenhum navio no porto do perdão. Não importa o que você tenha dito ou feito; eu sempre o receberei em casa de braços abertos. Tudo o que você precisa fazer é confessar os seus erros e estar disposto a deixá-los para trás.

O passado não pode condenar você se estiver disposto a abrir o coração e a mente aqui e agora. A sua disposição para mudar é a força divina operando dentro de você. E é ela, não eu, que o levará para casa. Eu simplesmente lhe darei as boas-vindas quando você chegar.

O que é Espiritualidade?

Espiritualidade e religião não são necessariamente a mesma coisa. A religião é a forma externa, a espiritualidade é o conteúdo. A religião é o invólucro exterior que reveste a espiga. A espiritualidade é o grão. A religião é um conjunto de crenças; a espiritualidade é um *continuum* de experiência.

A pessoa pode ser espiritualizada e, mesmo assim, não freqüentar uma igreja ou templo. Ela pode exercer a sua espiritualidade cultivando relacionamentos profundos com as outras pessoas, entrando em comunhão com a natureza, prestando auxílio aos outros. A experiência espiritual é simplesmente o que relaxa a mente e eleva o coração. Meditar caminhando em meio à natureza ou à beira-mar, embalar um bebê ou olhar nos olhos da pessoa amada — todas essas são experiências espirituais. Quando existe amor e aceitação no seu coração, a sua natureza espiritual se manifesta e você consegue enxergar a natureza espiritual das outras pessoas.

A pessoa espiritualizada vê a si mesma e aos outros sem fazer julgamentos, vê não apenas com os olhos, mas com o coração. Ela aceita e aprecia o que "existe", em vez de buscar o que "não existe".

A pessoa espiritualizada vê beleza em todo lugar, até mesmo no sofrimento. Sempre que o coração é tocado pela pungência da vida, existe beleza. Sempre que as pessoas aprendem as lições da vida e deixam o passado para trás, a beleza está presente. A chuva e as nuvens têm sua beleza, assim como o sol. Existe beleza na solidão e na intimidade, nas risadas e nas lágrimas. Para onde quer que nos voltemos, a beleza aguarda o nosso olhar.

A pessoa espiritualizada não se preocupa com o que é feio, cruel ou manipulador. Ela sabe que todos esses comportamentos são causados pela falta de amor. Ela oferece o seu amor sempre que lhe pedem, mesmo que esse pedido seja feito de modo agressivo e violento. A pessoa espiritualizada vê o próprio sofrimento e o sofrimento dos outros como um desligamento temporário da experiência do amor.

A pessoa espiritualizada sabe que o amor é a resposta para todos os supostos problemas. Se a vida não transcorre da maneira como gostaríamos, isso é porque nos desligamos do amor e da aceitação. Para nos religarmos, só precisamos abrir mão das nossas expectativas e aceitar com gratidão o que a vida nos apresenta.

A espiritualidade é a consciência de que a vida tem de ser do jeito que é. Ela não precisa passar por mudanças ou por correção. Ela só precisa ser aceita.

Quando fazemos as pazes com a vida, temos paz na nossa vida. É simples assim. Não podemos culpar mais ninguém pela nossa má vontade em fazer as pazes.

A pessoa espiritualizada é pacífica, animada, prestativa, motivadora. Ela não se queixa do passado nem busca a felicidade no futuro. Ela não tenta consertar as outras pessoas e não pede que ninguém a conserte. Ela vive no presente, cheia de gratidão e aceitação.

Todo mundo é espiritual, mas nem todo mundo se dispõe a estudar a espiritualidade. Muitas pessoas se deixam envolver pelos dramas da vida. Passam tempo demais preocupadas com as questões de sobrevivência. Não arranjam tempo para apreciar o pôr-do-sol ou para sentir o perfume das rosas. Elas se privam de sentir muito da alegria e da beleza que existe neste mundo. Se simplesmente parassem, respirassem fundo e se voltassem para o momento presente, perceberiam o que estão deixando de viver.

A pessoa espiritualizada é uma pessoa feliz. Ela se recusa a sacrificar essa felicidade pelo motivo que for. Em nenhum momento ela cultiva pensamentos ou toma atitudes que comprometam a sua felicidade.

Essa é a disciplina necessária para se viver uma vida espiritual. Existem muitas pessoas que tentarão arrastar você para o drama que vivem, cheio de sofrimento e vitimismo, mas você precisa aprender a dizer "Não" para elas. Abençoe-as. Deixe que elas vivam a experiência que querem viver. Mas não se junte a elas nessa experiência, se não for para fazer isso com alegria.

Não tente curar as outras pessoas ou resgatá-las de seus dramas pessoais. A sua capacidade para ajudá-las efetivamente depende do quanto você consegue manter a sua própria saúde e tranqüilidade. Mantendo a vibração da sua própria felicidade, você ajuda essas pessoas a verem onde elas podem encontrar a sua cura e salvação dentro de si mesmas.

Quando você confiar no seu próprio Eu, vai perceber que não existem problemas à espera de solução. Só é preciso que a vida seja aceita com sinceridade. Nessa aceitação, a paz e a felicidade se instalam e tudo o que estava obstruindo o amor se dissipa.

Quem Precisa de Religião?

Eu detesto ter de desapontá-lo, mas a verdade é que ninguém precisa de religião. Você não precisa da palha que reveste a espiga. Você precisa rasgá-la para chegar ao grão.

Seja qual for a sua religião, saiba que ela tem dogmas e interpretações que deturpam a verdade. Todas as religiões carregam um fardo pesado de preconceitos e idéias tacanhas, cultivadas por seguidores que nunca se abriram para a verdade e para a beleza da vida. O que você tem é um registro do medo que eles sentem, não um convite para o amor.

No entanto, se você cavar um pouco mais fundo no jardim da sua fé, encontrará as vozes da verdade e da beleza que o ajudarão a abrir o coração para a presença do amor. E é aí que você deve se concentrar. É aí que deve plantar a semente da fé, que criará raízes na sua vida.

Existem várias árvores belas que florescem na primavera. Uma não é melhor do que a outra. Cada uma delas tem uma beleza especial. Vistas juntas, elas formam um jardim espetacular. O mesmo acontece com os modos de abordar o divino. Cada um deles tem a sua beleza e integridade. Agrada a certas pessoas e desagrada a outras. É assim que tem de ser. Uma árvore não é melhor do que a outra. Uma religião não é melhor do que a outra.

Toda religião traz consigo um clima de medo e de rigidez que pode destruir a árvore antes que as sementes possam ser carregadas pelo vento. Isso vale para todas as tradições.

Se você pertence a uma tradição, tem de encontrar a semente, o grão, separá-lo do invólucro que o recobre e ver que ele está plantado na sua vida. Você tem de encontrar o núcleo do ensinamento, que liga você ao amor, e transmitir esse ensinamento para os seus filhos. Essa é a única maneira de manter uma tradição saudável. A forma tem de ser traduzida numa linguagem que esteja em sintonia com o tempo e o espaço, mas a essência do ensinamento tem de ser continuamente descoberta e resgatada.

A árvore estéril não dará frutos. Uma religião que não ajude os seus seguidores a se ligar ao amor não prosperará.

Você não precisa pertencer a uma religião para despertar a sua espiritualidade. Mas é mais fácil despertar para a verdade e a beleza da vida se você pertencer a uma comunidade de pessoas imbuídas de um sentimento de amor. Muitos grupos e comunidades seculares proporcionam aos seus membros a mesma força e apoio emocional que algumas pessoas encontram nas religiões organizadas.

Você não tem de pertencer a uma comunidade para abrir o seu coração para o amor, mas isso certamente fica mais fácil quando você não está sozinho. Mesmo que encontre apenas duas ou três pessoas dispostas a oferecer amor e apoio, você perceberá que esses encontros o ajudarão a transcender os seus dramas pessoais e a se abrir para o propósito e o significado que estão se revelando na sua vida.

É por isso que eu lhe sugiro a criação de um "grupo por afinidade", assim como foi descrito, em linhas gerais, no livro *O Silêncio do Coração*, também publicado pela Editora Pensamento. Essa é uma maneira muito simples de ter mais amor na sua vida e é particularmente útil se você não se sente mais à vontade com a sua religião e não tem um grupo secular em que possa encontrar apoio.

Mesmo que você pertença a uma igreja ou grupo de apoio, nada impede que forme um grupo por afinidade que o ajude a ficar ligado ao amor. À medida que os grupos e organizações crescem exteriormente, eles geralmente se esquecem do seu propósito e deixam de proporcionar alimento espiritual aos seus membros. As diretrizes que eu proponho para a criação do grupo por afinidade devolverão à organização a inspiração original e os laços de afeto que a tornaram tão popular a princípio.

Com o passar do tempo, nenhuma organização vai lhe proporcionar amparo espiritual no momento em que você precisa. O melhor que uma igreja ou templo pode fazer é ajudar você a entrar em contato com o amor. Feito esse contato, é você que tem de cultivá-lo em casa com a sua família, no trabalho e em todas as suas interações com as outras pessoas.

Para ser uma pessoa realizada, é essencial que você cultive a sua vida espiritual. Ninguém pode nem deve dizer a você como a sua vida espiritual deve ser. A sua jornada é única e o melhor guia nessa jornada é o espírito que habita dentro de você. À medida que você ouvir a sua voz interior e aprender a confiar nela, você não precisará mais depender dos seus pais, do padre ou do pastor ou de outra autoridade que o oriente. Você encontrará estabilidade dentro do seu próprio Eu. Você será autêntico.

Isso é o que acontece no final. Quando você cultiva a verdade interiormente, ela se impõe na sua vida. À medida que você se fortalece, pode deixar o grupo de apoio, a igreja ou o templo de lado e seguir o seu chamado interior. A partir daí, aonde quer que vá, você dará e receberá apoio sem hesitação. Pois, quando o amor desperta dentro de você, ele é oferecido livremente a quem quer que dele precise. E a obra de Deus é realizada por meio dos seus pensamentos, das suas palavras e das suas atitudes.

Na verdade, cada um de vocês é um ministro de Deus em treinamento. E você será chamado a servir aos seus irmãos e irmãs quando a sua ligação com o amor estiver firmemente estabelecida. Quando receber esse chamado, não terá outra escolha senão atendê-lo. Pois essa é a razão que o trouxe aqui, o propósito para o qual foram talhados o seu temperamento e as suas capacidades.

Deus conhece o seu propósito, mesmo que você mesmo ainda não o conheça. Mas Deus mora dentro de você, não fora. E, se você quer saber que propósito é esse, tem de perguntar ao ser divino interior. Só ele pode guiar você para casa.

Afirmação e Negação

Se quer estabelecer uma ligação profunda com a sua natureza espiritual, você tem de compreender com clareza e profundidade o que você precisa afirmar e o que precisa negar. Num nível mais simples, pode-se dizer que a verdade tem de ser afirmada e a falsidade negada. O amor tem de ser afirmado e o medo negado. A essência tem de ser afirmada e a aparência negada.

O problema em afirmar a verdade, o amor e a essência é que muitas vezes não sabemos o que eles são. Como podemos afirmar a verdade se não sabemos qual ela é? Como podemos afirmar o amor se temos medo e somos contraditórios com relação a ele? Como podemos afirmar a essência se estamos sempre buscando a aprovação dos outros?

Em geral, para conseguir afirmar de verdade, temos de praticar a negação. Se eu me sinto confuso, tenho de reconhecer, "Esta confusão não é a minha verdade". Se eu sou contraditório com relação aos meus sentimentos, tenho de admitir, "Essa contradição não é amor". Se eu busco lá fora algo que reforce o que estou sentindo, tenho de ver que "Essa busca por aprovação não é a essência".

Sendo claro com relação ao que a verdade, o amor e a essência não são, eu crio um espaço dentro de mim para perceber o que eles são. E assim o processo continua ... "A verdade não é preconceito nem idéias tacanhas, o amor não é expectativa nem o desejo de resgatar ou consertar o outro, a essência não é a busca por concordância, por aprovação ou por um grupo a quem eu possa pertencer."

No Zen Budismo, existe uma prática de negação que diz, "Nem isto nem aquilo". A pessoa não tem preferências nem toma nenhum partido. Isso a ajuda a resistir à tentação de encontrar a verdade em conceitos intelectuais. A verdade é mais profunda do que os conceitos.

Lao-Tsé, o grande sábio chinês, nos disse, "O caminho que pode ser descrito com palavras não é o verdadeiro caminho". A verdade está no coração, assim como o amor e a essência. Não é possível encontrá-los com a mente ou com palavras. Eles só podem ser incorporados e expressos por aquele que não sente necessidade de estar certo, de ver retribuído o amor que oferece ou de receber aprovação. A Verdade verdadeira, o amor verdadeiro, a essência verdadeira não têm opostos, pois eles não se originam no reino da dualidade.

Para chegar à verdade verdadeira, ao amor verdadeiro, à essência verdadeira, temos de parar de nos prender às suas imitações. Se aceitamos amor condicional, não conheceremos o amor sem condições. Se aceitamos qualquer forma de dogma, de julgamento ou de preconceito como algo verdadeiro, não conheceremos a verdade pura do coração. Se buscamos a aprovação de outros homens ou mulheres e nos preocupamos com o modo como eles nos recebem, não diremos a verdade sobre nós mesmos quando for preciso.

Temos de negar todas as imitações. Vamos esclarecer de uma vez por todas que, se você não está em paz, então é porque não está vivendo a verdade, o amor ou a essência. Pois só é possível vivê-los quando se está livre de oposições, de conflitos, de contradições, de apegos, de expectativas ou de interesses de qualquer tipo. Enquanto o seu amor for oferecido com condições, enquanto a sua verdade for oferecida com o julgamento que você faz das outras pessoas, enquanto a sua essência estiver inflada e ligada à sua auto-imagem, você só está oferecendo uma imitação.

Se você toma o falso pelo verdadeiro, não pode afirmar o que é verdadeiro ou negar o que é falso. Essa, meu amigo, é a dificuldade das palavras e dos conceitos. Para chegar no âmago mais profundo, você tem de ir além das palavras e dos conceitos.

Quando falar de amor, por favor, pergunte a si mesmo, "O meu amor está livre de condições?" Quando falar da verdade, pergunte, "A minha verdade está livre dos julgamentos ou das opiniões?" Quando falar da essência, pergunte, "Eu me preocupo com o modo como as pessoas me vêem ou me recebem?"

Para conquistar a liberdade de ser você mesmo é preciso mais desprendimento do que você imagina. Enquanto esperar algo de alguém, você não poderá ser você mesmo. Só quando você não deseja nada em particular de ninguém, você é livre para ser quem é e para se relacionar com sinceridade e autenticidade com os outros.

Eu não digo isso para desestimulá-lo, mas para prepará-lo para a profundidade e extensão da jornada que você tem pela frente. Para ser uma pessoa auto-realizada, é preciso que você abra mão de todas as expectativas e condições, sejam as suas próprias ou as dos outros.

A sua meta é aceitar exatamente como são todas as pessoas que cruzam o seu caminho e ser você mesmo independentemente do modo como elas o recebem ou reagem a você. Se encontrar alguém que o revolte ou melindre, isso é sinal de que você não está vendo a verdade ou a essência dessa pessoa. Se você se sente bem com as pessoas que o amam e deprimido com as que não gostam de você, isso é sinal de que você não está firmemente enraizado na verdade da sua própria essência.

O amor é a coisa mais difícil deste mundo e também a mais fácil. É a mais difícil porque você tem muitas expectativas e apegos que o impedem de fluir para você e de você. E é a mais fácil porque, quando você se liberta dessas expectativas e apegos, nem que seja por um instante, o amor o invade e emana de você espontaneamente, sem nenhum esforço.

VI
Abuso e Perdão

Você só enxergará a luz nos outros quando enxergá-la em si mesmo. Depois disso, não haverá ninguém em quem você não consiga enxergá-la. Se as outras pessoas vêem ou não essa luz, isso não importa. Você sabe que ela está ali. E é à luz que você se dirige quando fala com elas.

O Medo do Compromisso

As pessoas que têm medo do amor buscam por ele assim como todas as outras. No entanto, quando encontram esse amor, não conseguem recebê-lo. Elas querem que o amor venha no tamanho e na forma perfeitos. E o amor nunca vem desse jeito.

O amor de verdade vem da essência, não da aparência. Ele é prático e imediato e não ideal ou abstrato. As pessoas que não sabem a aparência que o ser amado tinha no passado, não o reconhecerão nem mesmo quando ele estiver na frente delas.

As pessoas que têm medo do amor são ambivalentes com relação ao dar e receber. Quando você é arredio, elas se sentem seguras e desejam a sua presença. Mas, quando você se aproxima, elas se assustam e pedem que você se afaste ou vá embora. Esse comportamento emocionalmente desgastante permite que elas tenham um relacionamento ao mesmo tempo que evitam a intimidade e o compromisso.

Se você se deixou levar por um relacionamento desse tipo, tem de enfrentar o fato de que pode ter medo de receber amor. Por que outra razão você escolheria um parceiro que não pode lhe dar amor? Mais especificamente, você talvez acredite que a única maneira de receber o amor que quer é deixar que outra pessoa critique ou rejeite você constantemente.

Esse feitiço só pode ser desfeito quando você diz "Chega!" Não importa o quanto vocês se dêem bem na cama, o quanto seja forte a ligação emocional entre vocês, você tem de aprender a dar um passo para trás e a ver esse jogo pelo que ele é: "Tudo bem, eu entendi agora. Não importa o que eu faça, nunca serei aceitável aos seus olhos. Eu vou dar um fim neste jogo."

As pessoas que só procuram falhas nos outros são inseguras e incapazes de confiar nos próprios sentimentos ou de expressá-los. Elas não conseguem assumir um compromisso com ninguém porque não têm um compromisso consigo mesmas. Como lhes falta uma ligação forte com a sua própria orientação interior, elas nunca estão seguras acerca do que fazer. Elas vivem passando de um extremo a outro e buscando força fora de si mesmas. Se você quer estabilidade e compromisso, por que optar por ficar com alguém que está sempre mudando de opinião?

O seu dever não é julgar essas pessoas, analisá-las ou tentar consertá-las. Aceite-as como elas são. Encare-as com amor. Mas não viva com elas nem as tome como parceiras. Pare de fazer concessões. Você merece amor sem ter de agüentar críticas ou transgressões. Só uma pessoa que tem medo de que ninguém a amará ou aceitará do jeito que ela é aceitaria o amor com essas lamentáveis condições.

Se você está disposto a ser vítima, com certeza acabará encontrando o seu algoz. A sua falta de fé em si mesmo atrai pessoas que sentem a mesma insegurança. O que a outra pessoa faz a você é só a versão externa do que você está fazendo a si mesmo. A mensagem é alta e clara: "Pare de se torturar!"

Não culpe a outra pessoa. Assuma a responsabilidade por deixar que o criticismo continue e deixe claro que você está fazendo uma escolha diferente. Assuma o problema e a solução.

Amar a si mesmo e tomar conta de si são passos essenciais para atrair um relacionamento saudável. Não aceite menos do que você quer e merece, pois assim você não atrairá relacionamentos inadequados para a sua vida.

Quando cometer um erro, reconheça-o. Ouça a mensagem transmitida por todo aquele que abusar de você: "Respeite-se!"

De quem é a responsabilidade se você mesmo não se respeita, se não faz questão de um relacionamento com um parceiro respeitoso? Veja, o seu sofrimento não é culpa de ninguém. Trata-se do resultado direto das suas próprias crenças e atitudes!

Se você não quer fazer papel de vítima nos seus relacionamentos íntimos, então tenha cautela quando surgir na sua vida um pretendente. Ele é gentil e tolerante ou crítico e controlador? Diga "Sim" para o primeiro e "Não" para o segundo. A menos que você consiga dizer "Não" para pretendentes que são incapazes de respeitar você, como quer atrair um parceiro que amará e aceitará você assim como é?

Você Manifesta na sua Vida Aquilo que Aceita

Nenhuma pessoa é vítima dos atos que outra pratica contra ela. As pessoas só enfrentam situações na vida que elas permitiram que surgissem. Se você diz "Não" para o que você *não* quer, você atrai o que quer. É muito simples.

O único fator que torna tudo mais complicado é o fato de você nem sempre saber o que quer ou, quando sabe, de não confiar nisso nem manter o seu compromisso de chegar aonde quer. Quando os seus desejos inconscientes não coincidem com as suas metas conscientes, o que você atrai para a sua vida reflete essa contradição. A sua capacidade criativa funciona tanto no nível consciente quanto no inconsciente. A mente é criativa, esteja você ciente disso ou não.

Se quer criar com consciência, você tem de trazer à tona os seus desejos e medos inconscientes para aceitá-los e examiná-los. Então, você entenderá por que as suas experiências geralmente são bem diferentes do que você pretendia. Aí você pode ajustar as suas metas para começar a beneficiar todo o seu ser e não apenas o seu lado adulto.

Quando compreende os seus desejos e medos, você pode começar a fazer escolhas que levem em conta as partes mais infantis e vulneráveis da sua psique. Isso pode fazer com que as suas metas fiquem mais imediatas, realistas e sejam realizadas num prazo mais curto. Esse é um passo positivo, pois garante que as suas metas de longo prazo não sejam prejudicadas pelos aspectos temerosos e feridos da sua psique.

O hábito de esperar demais de si mesmo ou das outras pessoas é tão nocivo quanto o de esperar muito pouco. Desejar um emprego ou relacionamento que você não tem habilidade nem maturidade para manter é contraproducente, para não dizer traumático. É muito melhor procurar outro menos desafiador e conseguir mantê-lo. As vitórias pequenas e progressivas aumentam a autoconfiança em todos os níveis da psique, integrando os pontos de vista da criança e do adulto e fortalecendo a confiança que será necessária para enfrentar os desafios mais difíceis que surgirão pela frente.

Para criar o que você quer é preciso que você tenha uma idéia clara do que realmente quer, em todos os níveis do seu ser. Quando o adulto espiritual e a criança ferida querem coisas diferentes, as manifestações são sempre contraditórias. É por isso que o tempo que você passa integrando e unificando as diferentes necessidades e desejos da sua psique é um tempo muito bem gasto. Quando não existem desejos conflituosos no seu coração e existe clareza em todos os níveis da consciência, o processo criativo flui mais facilmente.

Se você quer ter sucesso nos seus relacionamentos com as outras pessoas, dedique-se à tarefa de conhecer a si mesmo. Então ficará claro quando e para quem você deve dizer "Não" e quando e para quem você deve dizer "Sim". Lembre-se, as coisas nem sempre são o que parecem. O cavaleiro numa armadura brilhante pode ser um algoz inseguro sob disfarce e aquele que oferece conforto e apoio pode ser um lobo em pele de cordeiro.

Olhe sempre além das aparências, pois nada é o que parece ser. Se você sabe o que quer e do que precisa, tenha paciência e espere. Muitos se aproximarão de você parecendo ser tudo o que você sempre pediu, mas apenas um será o autêntico. Raramente é aquele que se apresenta envolto em luzes e fumaça. O mais freqüente é que ele seja o mais despretensioso, que não usa palavras grandiosas nem faz grandes promessas, mas que pega na sua mão e olha nos seus olhos sem medo.

Igualdade e Respeito Mútuo

Para que exista igualdade entre você e as outras pessoas, você tem de estar disposto a tratá-las com dignidade e respeito. Além disso, você tem de deixar bem claro que quer ser tratado com respeito por todas as pessoas da sua vida — cônjuge, pais, filhos, amigos, colegas de trabalho e até estranhos.

Aqueles que têm o hábito de criticar as outras pessoas sentem-se pouco amados e por isso não conseguem sentir amor por elas. Os julgamentos que fazem são ilusões pessoais que anuviam a consciência e interferem na qualidade de vida deles. Eles acham que a opinião delas a respeito das pessoas revela muito sobre elas, mas isso não é verdade. Os julgamentos, as críticas, as queixas e os ataques que fazem dizem muito a respeito da consciência delas próprias e muito pouco a respeito de qualquer outra pessoa.

Se uma pessoa julgar, criticar ou atacar você, não deixe de dizer imediatamente a ela como você está se sentindo. Faça isso sem culpá-la ou atacá-la, mas peça para ser tratado com mais respeito. Esse é um direito seu e uma responsabilidade da outra pessoa.

Não deixe que ninguém trate você de modo indelicado ou injusto sem se defender. Entenda, eu não estou dizendo para reagir ou fazer retaliações. Estou simplesmente dizendo para se apoiar e insistir que quer ser tratado com respeito. Quando oferece a outra face, você está convidando o ofensor a pensar no que fez e a fazer uma escolha diferente.

O importante é mostrar oposição ao desrespeito no momento em que ele acontece; do contrário, você ficará ressentido e se sentirá no direito de julgar a pessoa que o criticou ou atacou. Esse, como você sabe, é um comportamento passivo, mas agressivo. Fazer retaliações ao longo do tempo não é melhor do que fazê-las no ardor do momento. A chave não é retaliar, mas defender os seus direitos de maneira clara e firme, sem tirar a dignidade da outra pessoa.

A menos que saiba, no âmago do seu ser, que merece ser bem tratado, você tolerará abusos desnecessários e se deixará levar pelo papel de vítima. Ser uma vítima que dá o seu poder pessoal para os outros não é nada espiritual. É irresponsabilidade com relação a si mesmo e à outra pessoa.

Você não pode tornar outra pessoa mais forte dando o seu poder a ela. Desse modo, você só provocará nessa pessoa um sentimento falso de responsabilidade e de controle que a impedirá de assumir a responsabilidade pela própria vida. Essa é uma situação de co-dependência que não beneficia ninguém. Quando uma pessoa não se agüenta nas próprias pernas, a outra tem de carregá-la. O resultado é que ambas — e não só aquela que deu seu poder à outra — ficam mais fracas, cansadas, desencorajadas e ressentidas.

Para que um relacionamento entre duas pessoas dê certo, cada uma delas tem de assumir a responsabilidade de tratar o parceiro com respeito e dignidade. Isso cria uma base de confiança e de consideração mútua, no qual a igualdade pode ser edificada.

O Perdão

Em qualquer relacionamento íntimo, por melhor que ele seja, as pessoas se esquecem de respeitar um ao outro. Elas ficam estressadas e acabam projetando a dor no parceiro. Elas atacam e se defendem, se culpam e culpam o outro e geralmente fazem uma mixórdia. Quero que você saiba disso não para que possa justificar o seu comportamento, mas para que não desista do seu relacionamento quando ele exigir de você mais sabedoria e mais força emocional.

O seu relacionamento íntimo é um microcosmo de toda a sua jornada e, como você mesmo sabe, essa jornada acontece por meio dos seus relacionamentos com as outras pessoas. Como não existem parceiros perfeitos, o seu desafio é aceitar e respeitar a pessoa imperfeita que está diante de você e, sim, respeitar a si próprio, mesmo que a sua vida também seja crivada de erros.

Se você e o seu parceiro conseguirem perdoar as transgressões mútuas e restabelecer a confiança entre vocês, o amor que têm entre si pode ficar ainda mais forte, assim como a sua capacidade para a intimidade. Essa é a parte difícil do relacionamento.

Qualquer pessoa pode iniciar um relacionamento. Apaixonar-se é fácil, especialmente quando os hormônios estão em ebulição. Acabar com um relacionamento não é muito mais difícil, especialmente quando o casal está projetando um no outro os seus medos, sem ter consciência disso. Mas o que parece que as pessoas não estão nem um pouco dispostas a fazer é perdoar. Isso é o que leva tantos relacionamentos a não darem certo.

O perdão é a chave para o sucesso em todos os relacionamentos. Na verdade, se você e o seu parceiro têm o compromisso de praticar o perdão, vocês conviverão muito bem juntos mesmo se não tiverem muita coisa em comum.

Por outro lado, se nenhum de vocês está disposto a praticar o perdão, nada que tentarem dará certo. Nem a religião, nem a psicoterapia, nem os retiros para casais. Se um de vocês está disposto e o outro não, as chances são um pouco maiores, principalmente se o parceiro disposto for um exemplo tão bom que leve o outro a imitá-lo. Embora um parceiro possa praticar o perdão, e isso é sempre útil, é preciso que ambos o pratiquem para que as feridas causadas pelas transgressões mútuas sejam curadas.

Se você decide romper o relacionamento porque não está disposto a perdoar, o que o leva a pensar que terá mais sucesso em outro relacionamento? As pessoas são de fato diferentes e algumas tocarão mais a sua ferida do que outras, mas todo mundo é imperfeito e acabará tocando a sua ferida uma vez ou outra. A sua capacidade de fazer com que o seu relacionamento dê certo depende menos do parceiro que você escolher do que da sua disposição para se perdoar e para perdoar o parceiro que escolheu.

De toda forma, não desista de encontrar o parceiro que você quer. Aquele com quem possa ter metas em comum, que compartilhe dos seus interesses e por quem você sinta atração. Rompa qualquer relacionamento que possa se tornar abusivo, mesmo que você possa aprender algo com ele. Não entre no jogo do amor para perder.

Mas perceba, meu amigo, que não importa o quanto você tenha procurado ou não o parceiro certo, a prática do perdão sempre será necessária. Trata-se de uma constante. Ela é a chave para a sua suprema felicidade e também a do seu parceiro.

Por meio da prática do perdão, pessoas imperfeitas tornam-se inteiras e relacionamentos desfeitos são recuperados e ficam mais fortes. Por meio da prática do perdão, você aprende o que é amor verdadeiro e qual é a verdadeira essência de todos nós. Por meio do seu perdão, o seu parceiro se transforma no seu Bem-amado, o mestre perfeito que vem libertá-lo dos julgamentos e das ilusões.

Essa sinergia entre o ser que ama e o ser amado é a grande promessa do relacionamento. Quando duas pessoas se rendem totalmente à união, elas passam a ter um só coração e uma só mente. A maior alegria de ambas é servir uma à outra. Entrelaçadas num abraço eterno, elas se tornam a Mãe nutriz e o Pai fortalecedor, que redimem todas as crianças feridas do sofrimento do passado, atingindo todas as pessoas com a mensagem de amor e de perdão, elevando as almas e ajudando-as a aceitar a oportunidade profunda para a intimidade, que essa jornada oferece.

Demonstrações de Amor e Aceitação

Sempre que você e o seu parceiro querem coisas diferentes, a correção é necessária. Vocês já estão fora do eixo. É hora de parar, respirar fundo, dar um passo para trás e analisar o que está acontecendo. Pergunte-se, "Por que estamos em conflito? Que medo é esse que aflorou em mim? Que tipo de desrespeito eu acho que estou sofrendo?"

Não se culpe nem culpe a outra pessoa. Não queira provar que você está certo ou que o seu parceiro está errado. Simplesmente reconheça a separação que está sentindo e a crença de que você e o seu parceiro buscam resultados diferentes. Procurem compreender que essa separação não pode ser transposta enquanto um de vocês estiver com medo.

Passe algum tempo sozinho e procure identificar por que está com medo, por que está sentindo necessidade de se defender e por que está com raiva ou magoado. Procure descobrir que tipo de apoio ou atitude positiva você espera do seu parceiro. Então, quando vocês dois estiverem calmos, peçam um ao outro, sem rodeios, a demonstração de amor e aceitação de que estão precisando.

Quase todos os medos, raivas e mágoas são causados pelo sentimento de não ser amado ou estimado. Quando alguém age de uma forma que não nos agrada, você interpreta esse comportamento como pouco caso. Quando você reage com raiva ou mágoa, a outra pessoa se ressente. A espiral decrescente de ataque e desaprovação mútuos continua até que vocês dois enjoem um do outro. Esse é, no entanto, um jogo que vocês dois concordaram em jogar, embora não seja consciente.

Quando você reconhece que você e o seu parceiro caíram num círculo vicioso do tipo "Eu te magoei porque você me magoou", é preciso parar no mesmo instante. Diga ao seu parceiro… "Eu não quero fazer isso. Vamos dar um tempo até descobrir o que estamos sentindo antes que a situação saia do controle e o amor acabe."

Simplesmente pare e diga, "Vou dar uma volta. Voltarei quando tiver entendido melhor o que está acontecendo comigo. Eu quero conversar com você quando estiver me sentindo bem, não quando estiver com raiva ou magoado".

Enquanto você dá uma volta, perceba que o que está sentindo — pouco amado e apreciado — tem raízes profundas. Não é apenas uma reação a esse episódio em particular com o seu parceiro. É uma reação a todas as experiências passadas nas quais você se sentiu atacado, julgado, rejeitado, abandonado ou traído. Quando o corpo emocional é atingido, mesmo pelo motivo mais insignificante, muitas lembranças e níveis de experiência do passado vêm à tona. A tristeza causada pelo sentimento da perda do amor pode ser intensa.

Obviamente, o seu parceiro não é responsável pela tristeza profunda que você sente. Ele só desencadeou essa tristeza. Portanto, pare de acusá-lo e perceba que a tarefa de banhar com amor as partes feridas e entristecidas do seu ser pertence sobretudo a você. Procure ser gentil e amoroso consigo mesmo. Compreenda que tudo o que você espera do seu parceiro é que ele lhe dê a certeza de que o ama e de que quer estar ao seu lado. Quando você voltar a procurá-lo, peça que ele lhe assegure isso. Peça que ele diga isso com palavras claras que o ajudem a se lembrar de que é amado. Peça que ele o abrace, lhe dê um pouco de carinho, faça uma massagem nas suas costas ou olhe dentro dos seus olhos.

Ouça também as solicitações do seu parceiro. E, lembre-se, seja o que for que ele peça, a questão principal sempre é a necessidade que ele tem de ser amado e aceito por você.

Quando você e o seu parceiro sentem dificuldade para pedir o que precisam, o relacionamento entra em crise. Quando vocês se criticam ou fazem pouco caso um do outro, padrões negativos entram em ação, acabam com a confiança e bloqueiam o amor recíproco.

É claro que não adianta esperar que você consiga fazer com que outro ser humano se sinta totalmente aceito e amado, principalmente se essa pessoa é insegura e carente. As pessoas que não aprenderam a se valorizar passam por muitas dificuldades nos relacionamentos. Elas precisam de mais atenção e aprovação do que a maioria das pessoas é capaz de oferecer. Isso significa que elas passam por muitas rejeições, o que só aumenta a insegurança que já sentem.

Ao longo do relacionamento, muitas vezes pode parecer que você e o seu parceiro querem coisas diferentes. Mas esse é só um sintoma de um problema mais grave. Se você olhar com cuidado, vai perceber que nenhum de vocês dois se sente valorizado.

Se se sentissem valorizados, vocês estariam seguros no relacionamento e mais confiantes para analisar as diferenças entre vocês, sem se sentirem ameaçados ou inspirarem esse sentimento no outro. Por se sentirem amados e por quererem preservar esse amor, vocês não assumiriam uma postura rígida quando houvesse desacordos. Em vez disso, vocês procurariam juntos por maneiras de contentar a ambos e de receber o amor e a aceitação de que precisam.

Quando existe amor entre o casal, a pergunta é sempre a mesma: "O que nós vamos fazer?" Os dois parceiros querem o melhor para o relacionamento, o que mantém viva a chama do amor. A busca dessa realidade compartilhada é tanto o desafio quanto a recompensa de todos os relacionamentos em que existe compromisso. Nesse meio-tempo, ambos crescem e vão muito além do interesse próprio, aprendendo a servir ao propósito mais elevado dos laços que os unem.

VII
Mantenha-se Ligado ao Amor

Quando o amor está presente, o corpo e o mundo se elevam. Eles ficam impregnados de luz, de possibilidade e de celebração do bem. O mundo que você vê quando o Espírito está presente no seu coração e na sua vida não é igual ao que você vê quando está preocupado com as necessidades do ego.

O Eu e a Persona

O amor está em toda parte do universo, embora para você não seja fácil manter-se ligado a ele. Por quê?

Você não se sente ligado ao amor porque acha que há algo errado com você. Você tem medo de ser julgado ou rejeitado pelos outros.

Você acha que não é aceitável do jeito que é, pois durante quase toda a sua vida você aceitou as idéias e opiniões dos outros como se elas correspondessem à verdade a seu respeito. Contudo, o que a sua mãe, o seu pai, o seu professor, o sacerdote da sua igreja dizem a seu respeito é só a opinião deles. Algumas dessas opiniões podem ter sido corretas em alguma época da sua vida, mas até mesmo estas podem não se justificar agora.

Lamentavelmente, você internaliza as opiniões dos outros a seu respeito. E molda a sua auto-imagem com base nelas. Em outras palavras, a opinião que você tem a seu respeito não é pautada no que você sabe e descobre acerca de si mesmo, mas no que os outros dizem.

O "você" que você conhece é uma criação formada pelas crenças e julgamentos das outras pessoas que você aceitou como verdadeiros. Até mesmo o que você chama de "personalidade" não passa de um conjunto de padrões de comportamento que você adotou para se harmonizar com o comportamento das pessoas importantes da sua vida.

Então onde está o "verdadeiro você" na equação entre você e os outros? O verdadeiro você é o fator desconhecido, a essência encapsulada pelos julgamentos e interpretações que você aceitou sobre si mesmo e sobre a sua experiência.

Isso vale para todo mundo, não só para você. As pessoas se relacionam umas com as outras não como seres autênticos e auto-realizados, mas como personas, máscaras, papéis, identidades. Muitas vezes, as pessoas usam mais de uma máscara, dependendo com quem elas estejam e do que se espera delas.

O verdadeiro Eu fica perdido e esquecido em meio a todos esses disfarces. E a autenticidade, a maior dádiva que ele recebeu, não é conscientemente reconhecida.

O verdadeiro Eu sabe que você é inerentemente bom, aceitável e capaz de dar e receber amor. Ele sabe que qualquer coisa é possível se você acreditar profundamente em si mesmo.

O verdadeiro Eu não fica preso às limitações, aos julgamentos e às interpretações com que a persona vive. Na verdade, pode-se dizer que o Eu e a persona vivem em mundos diferentes. O mundo do Eu é brilhante e auto-suficiente. O mundo da persona é sombrio, e a luz é buscada nos outros.

O Eu diz, "Eu sou". A persona diz, "Eu sou isto" ou "Eu sou aquilo". O Eu vive e se expressa incondicionalmente. A persona vive e se expressa condicionalmente. O Eu é motivado pelo amor e diz, "Eu posso". A persona vive com medo e diz, "Eu não posso". A persona se queixa, se justifica e dá desculpas. O Eu aceita, integra e mostra o seu dom.

Você é o Eu, mas acredita que é a persona. Enquanto você viver como persona, terá experiências que confirmam as suas crenças sobre si mesmo e os outros. Quando perceber que todas as personas são apenas máscaras que você e os outros concordaram em usar, você aprenderá a ver por trás das máscaras.

Quando isso acontece, você tem um vislumbre da radiância do Eu interior e exterior. Você verá um ser brilhante, eminentemente valoroso e capaz de amar, dinamicamente criativo, generoso e auto-suficiente. Essa é a sua natureza mais profunda. E essa é também a natureza de todos os seres da sua experiência.

Quando aceita quem você é, você pára de brigar com as outras pessoas. Pois deixa de duelar com as suas personas. Você vê a luz por trás da máscara. A sua luz e a luz das outras pessoas são tudo o que importa.

Quando entra em contato com a verdade sobre si mesmo, você reconhece que grande parte do que aceitou a seu respeito não corresponde à verdade. Você não é nem melhor nem pior do que ninguém. Não é mais burro, nem mais inteligente, nem mais feio nem mais bonito. Esses eram apenas julgamentos que alguém fez e que você aceitou. Nenhum deles era verdadeiro.

Quando está ciente da verdade a seu respeito, você sabe que você não é o seu corpo, embora precise aceitá-lo e cuidar dele. Você não é os seus pensamentos nem os seus sentimentos, embora precise ter consciência deles e ver como eles estão criando o drama da sua vida. Você não é os papéis que desempenha — marido ou esposa, mãe ou pai, filho ou filha, chefe ou empregado, secretária ou encanador — embora você precise fazer as pazes com todos os papéis que tenha optado por desempenhar. Você não é nada que seja externo. Nem é nada que possa ser definido por algo ou alguém.

O propósito da sua jornada aqui é descobrir o Eu e deixar a persona de lado. Você está aqui para descobrir que a Fonte do amor está dentro da sua própria consciência. Você não precisa buscar o amor fora de você. Na realidade, a própria atitude de buscá-lo no mundo impede você de reconhecê-lo dentro de si mesmo. E, se você não conseguir encontrar o amor interiormente, nunca será capaz de encontrá-lo nas outras pessoas.

Você só enxergará a luz nos outros quando enxergá-la em si mesmo. Depois disso, não haverá ninguém em quem você não consiga enxergá-la. Se as outras pessoas vêem ou não essa luz, isso não importa. Você sabe que ela está ali. E é à luz que você se dirige quando fala com elas.

O mundo das personas é caótico e baseado em reações. É um mundo abastecido pelo medo e pelo julgamento. Ele só é real porque você e as outras pessoas acreditam nele e se definem de acordo com as condições que encontram ali. Mas essas condições não correspondem à realidade definitiva. Elas são simplesmente um drama coletivo criado por vocês. Sim, o drama tem as suas próprias regras, seus costumes, seus inter-relacionamentos e seu plano de ação, mas nada disso importa quando você despe a fantasia e desce do palco.

Preste atenção, o drama vai continuar. Ele não depende só de você. Mas, quando percebe que tudo não passa de uma encenação, você pode escolher se quer participar dela ou não. Se participar, você fará isso tendo em mente quem você é, compreendendo o papel que está desempenhando, sem ficar apegado a ele.

O sofrimento acaba quando acaba o seu apego a todas as condições. A partir daí, você passa a confiar no Eu, na personificação do amor, na fonte da própria criação.

Quem é o Cristo?

O Eu é todo-poderoso. A persona não é. A persona só parece poderosa porque ela abriga dentro dela o Eu. Assim como o Eu, a respiração também tem poder. Mas o mesmo não acontece com o corpo. O corpo só é poderoso porque abriga dentro dele a respiração.

O corpo é um recipiente temporário para a respiração. A persona é um recipiente temporário para o Eu. A respiração e o Eu são mais profundos do que qualquer experiência ou conjunto de condições. Eles surgem de dentro e, portanto, não podem ser definidos externamente.

Quando respira fundo, você se livra da tensão que causa a doença no seu corpo. A respiração cadenciada leva você a um estado de êxtase físico. Quando se lembra do Eu, você supera o apego às idiossincrasias da sua persona. Você sente uma paz e uma liberdade que vão muito além das condições que parecem cerceá-lo.

Na condição de Eu, você nunca é prisioneiro das condições. Como poderia ser? Se você se vê como um prisioneiro ou como uma pobre vítima, é sinal de que você está na persona. Quando passa a se sediar no Eu, você sabe que é totalmente inocente e livre, independentemente do que os outros possam pensar de você.

Cristo pode ser crucificado, mas ele não pode ser forçado a odiar aqueles que o maltrataram. Ele permanece fiel ao amor que tem no coração, por maior que seja o ódio existente no coração das outras pessoas. Cristo é gentil com ele mesmo e com todas as outras pessoas, no entanto ele defenderá a verdade com destemor. Ninguém consegue intimidá-lo, nem ele tentaria intimidar qualquer irmão ou irmã. O seu único pedido aos seus irmãos é para que despertem e aceitem o manto do amor.

Não pense que só eu sou o Cristo, caso contrário você não compreenderá nada do que eu ensino. Todos vocês são ungidos. Todos vocês são escolhidos.

Mas ser escolhido não é suficiente. Os meus irmãos judeus foram escolhidos; eles preferiram, todavia, adorar ídolos. Os meus irmãos cristãos foram escolhidos; no entanto, eles preferiram deturpar os meus ensinamentos. Veja, ser escolhido não basta. Você também tem de escolher. Você trilhará o caminho que se estende diante de você ou se desviará dele?

Outros caminhos sempre prometerão mais, mas cumprirão menos. E você poderá se sentir tentado a trilhar esses caminhos. Tudo bem. Eu não condenarei você por tentar pegar um atalho. Basta que você perceba quando chegou num beco sem saída e dê meia-volta. Se tiver bastante determinação, você pode voltar por onde veio e recomeçar a caminhada do ponto onde se desviou.

Eu nunca exigi que você fosse perfeito. Eu também não era perfeito e, mesmo assim, você acredita em mim. Esse, evidentemente, é o problema. Se eu sou perfeito, então você também tem de ser. E, se você não é, então acha que está em falta comigo e consigo mesmo. Isso é pura bobagem. Por favor, deixe de lado essas idéias equivocadas. Aceite-se como você é, com todos os seus erros e aparentes fraquezas. Assim você estará pronto para trilhar o caminho comigo.

Confissão e Expiação

Por que você acha que eu lhe peço para confessar os seus pecados? Você acha mesmo que é porque eu quero impor algum poder clerical artificial sobre você, para que possa ser perdoado por ele e pela autoridade da Igreja? Que absurdo! Eu nunca lhe pedi para buscar o perdão de qualquer outro ser que não fosse o Deus que mora no seu coração.

Por favor, entenda. Eu lhe pedi para que você confessasse os seus pecados para que pudesse aliviar o fardo que carrega nos ombros e suavizasse os julgamentos que faz de si mesmo e dos outros. Você não poderá caminhar ao meu lado enquanto estiver carregando consigo esses julgamentos. Eles são um fardo pesado demais. Você não pode levá-los aonde eu e você temos de ir juntos.

Então confesse os seus pecados e a sua dor num lugar reservado, onde nenhum outro homem ou mulher pode entrar. Perdoe os seus erros. Prometa que vai aprender e que vai fazer o melhor por si mesmo e pelos outros. Ligue-se ao amor nesse lugar reservado onde você reza e se confessa, e leve o amor com você quando sair de lá. Encontre esse templo interior quando se sentir sobrecarregado pelos afazeres do dia-a-dia e pelo seu apego a eles.

Vá e busque refúgio ali. Vá e se liberte das suas preocupações, dos seus medos, da sua culpa pelo que você disse ou fez. Vá e deixe que o seu coração partido seja curado, para que você possa sair dali e se acertar com qualquer um com quem tenha faltado com o respeito e tratado com indelicadeza. Vá e encontre paz, para que você possa sair dali e fazer as pazes com os seus irmãos e irmãs.

Eu peço que você confesse os seus pecados e não para que os fique remoendo. Eu peço que você se perdoe e não para que deixe que alguma hierarquia sacerdotal o aprisione num cativeiro perpétuo.

Se você se sente aprisionado num cativeiro, saiba agora, meu irmão ou irmã, que é hora de se libertar. Não importa o que os outros disseram ou fizeram, você não merece sofrer. O seu sofrimento não alimentará os famintos nem curará os doentes.

Não, meu caro amigo, venha e aceite o perdão que eu lhe ofereço, para que você possa voltar a viver a sua vida com uma visão clara e um coração forte. Eu lhe ofereço a liberdade, não apenas em seu benefício, mas em benefício de todos aqueles que precisam do seu amor e do seu serviço.

Venha e volte a se dedicar ao propósito que o trouxe até aqui. Se você agiu sem amor, então é imperativo que se liberte da culpa, das desculpas e do vitimismo. Venha, pegue o ramo da paz e leve-o à sua vizinhança, onde as pessoas precisam de força e esperança. O seu amor pode curar todas as feridas do passado, se você ao menos acreditar em si mesmo e nos outros.

Ficar preso a esses grilhões não faz bem nem a você nem a ninguém. Venha e aceite o meu perdão, que você poderá oferecer aos outros e ser uma força de cura e reconciliação. Nada mais pode lhe trazer a sua alegria e redenção.

Não deixe que o mundo lhe diga quem você é. Pois você não é o que os outros dizem, mesmo que pareça atender às expectativas deles. Pense nisso muito bem, meu amigo, ou você prefere continuar vivendo com medo e pesar, só porque os outros esperam que você seja duro e forte? Você desperdiçará a sua vida só para proteger uma imagem que outra pessoa lhe conferiu tempos atrás?

Eu digo "Não", irmão; "Não", irmã. É hora de abandonar essa imagem. Ela não é você. Ela não lhe trará paz ou felicidade. Deixe-a para trás. E deixe-me ajudá-lo a ser você mesmo outra vez.

Quando eu saio para servir aos meus irmãos, eu adoto o nome de Emmanuel para que eu possa sempre me lembrar de que Deus está comigo. Lembrando-me constantemente de Deus, eu consigo ver a minha inocência assim como a inocência e pureza de todos os seres que encontro na minha jornada.

Você tem de fazer o mesmo. Tem de carregar Deus com você, no seu coração, e se lembrar de que o seu único propósito aqui na Terra é aceitar a sua inocência e ajudar os outros a aceitar a deles. É por esse motivo que você veio até mim. E eu aproveitarei tudo que você me trouxe. Se você tem sido um criminoso, um drogado, um alcoólatra, uma prostituta, um pregador ou político corrupto, eu lançarei mão de tudo isso. Eu lhe enviarei de volta para conviver com pessoas cujos medos e hábitos você conhece e, juntos, nós as traremos para casa. Não, não para condenar as atitudes delas ou para corrigi-las, mas para amá-las, vê-las como pessoas inteiras e lembrá-las da verdade já esquecida sobre elas mesmas.

A Conversão

Se você está seguro da sua experiência do divino, não precisa convencer mais ninguém a acreditar nela. No entanto, como a sua experiência é importante para você, você fica feliz em compartilhá-la com os outros.

Você tem de entender, todavia, que você só é útil aos outros na medida que os estimula a aproveitar qualquer aspecto do seu testemunho que as faça se sentir enlevadas e fortalecidas. São elas, e não você, que têm de decidir o que é útil ou não.

Se tenta impor as suas crenças e opiniões sobre os outros, você está desrespeitando o direito que elas têm de decidir o que serve para elas. Isso é manipulação, não ministério.

As pessoas dão valor demais às palavras e conceitos; no entanto, eu lhes digo que não é por causa deles que a conversão acontece. A conversão acontece muito mais no coração do que na mente.

As pessoas não se convertem por causa de algum conceito sobre Deus, mas por causa de uma experiência de amor. Aquele que não acredita que exista algo além do pequeno eu, de repente se abre para a presença amorosa que existe tanto dentro dele quanto nas outras pessoas. Essa é a experiência que transforma vidas, que ajuda as pessoas a se aceitarem e a se respeitarem no nível mais profundo.

As pessoas não se convertem ao poder do amor adotando um conjunto de crenças e repetindo essas crenças para os outros como papagaios. Isso não acontece por meio do proselitismo. Não acontece quando você acusa os outros de estarem errados e tenta fazê-los seguir o "ensinamento correto".

As pessoas se convertem ao poder do amor quando você as ama e as aceita incondicionalmente. Isso significa que não lhe interessa saber em que elas acreditam. Não importa saber como elas se vestem, que tipo de canção elas cantam ou como enterram os seus mortos. Tudo isso é irrelevante.

Você se torna um verdadeiro ministro de Deus, um irmão ou irmã genuínos, quando consegue amar e aceitar as pessoas exatamente como elas são. Você não precisa mudar as crenças ou costumes delas, nem tampouco corrigi-las. Você só precisa demonstrar o poder do amor no modo como age ou fala com elas. É isso que lhes chama a atenção.

Ninguém consegue resistir a uma pessoa que irradia amor. Todos vêm se sentar aos seus pés.

Dá para imaginar? Essas pessoas não foram sequer convidadas, nunca se pensou em proselitizá-las, no entanto, elas vêm assim mesmo. Elas vêm porque o amor as chama e elas respondem.

Você não tem que sair por aí, difundindo agressivamente a minha mensagem. Não tem de golpear as pessoas com os meus ensinamentos, como se fossem um machado, e arrastá-las de volta para as suas igrejas e sinagogas. Basta que amem uns aos outros para que as pessoas se aproximem. Não deixe de irradiar amor e as pessoas continuarão se aproximando.

Elas virão, se sentirão abastecidas e voltarão para o lugar de onde vieram com o coração transbordante. É assim que os meus ensinamentos são difundidos. Ser um ministro do amor não requer esforço. Basta que você continue amando para que as pessoas se aproximem. Você continua admitindo os seus erros e confessando os seus medos e preocupações e as pessoas sentirão um carinho cada vez mais profundo por você.

Você não tem de ser perfeito para ser um porta-voz dos meus ensinamentos, mas precisa ser humilde. Precisa ir até onde as pessoas estão. E precisa ser sincero com respeito a quem você é. Não adianta fingir. Se mentir para si mesmo, você mentirá para os outros e, se mentir para os outros, acabará sendo descoberto. Então evite desperdiçar um tempo precioso e diga a verdade desde o princípio.

Ninguém é perfeito. Eu não sou mais perfeito do que você. E você não é mais perfeito do que o mais humilde dos seus irmãos ou irmãs. Todos vocês cometem erros. Vocês todos têm muito que aprender sobre dar e receber amor.

Nós não vamos para o céu fingindo estarmos lá quando não estamos, nem chegamos lá fingindo que temos alguma incapacidade insuperável. O céu está ao alcance de todos que se dispuserem a aprender sobre o amor.

Você está disposto a continuar aprendendo? Se está, as portas do céu continuarão abertas para você. Toda vez que você transpuser uma porta, outra se abrirá. Pois existem muitos cômodos na morada do amor. E é preciso explorar todos os cômodos em sua totalidade.

Quando você começa a deixar que o amor entre no seu coração, o processo de exploração deixa de ser trabalhoso e extenuante. Pelo contrário, ele passa a ser estimulante e divertido. Você descobre que tem muitos dons que pode compartilhar com as outras pessoas ao longo do caminho. E aprende a receber os dons que os outros precisam compartilhar com você.

Não menospreze nem desdenhe o que outra pessoa tem para lhe dar. Mesmo que não pareça grande coisa, aceite de qualquer maneira. Olhe nos olhos do seu irmão e veja como ele gostaria de oferecer essa dádiva a você. Você não pode se recusar a aceitá-la.

Afinal de contas, o que você sabe sobre as dádivas? Se Deus dá a você um sapo, você vai chutá-lo para dentro de algum lago se souber que os sapos podem se transformar em príncipes? Essa, meu amigo, não seria uma atitude sábia.

Por favor, fique preparado para as surpresas. As maiores dádivas geralmente vêm quando você menos espera.

Viva o Milagre

Eu detesto ter de contradizer um dos seus *slogans* favoritos, mas ficar "à espera de um milagre" nem sempre adianta alguma coisa. Às vezes você acha que precisa de um milagre, mas tudo o que você precisa fazer é superar o medo.

Não estou sugerindo que exista uma escassez de milagres e que você precise guardá-los para ocasiões especiais. Pelo contrário, existem milagres acontecendo em todo lugar, mas muitas vezes você não os vê, porque está esperando fogos de artifício.

Quando está fazendo o melhor que pode na vida, você faz milagres constantemente. Quando está superando o seu medo, constatando as suas projeções ou estendendo uma mão amiga àqueles que estão desanimados ou temerosos, você é capaz de fazer milagres.

No entanto, se for esperto, você não sairá por aí dizendo que faz milagres. Não chamará atenção para si. Você deixará que o mérito fique com as pessoas que você fortaleceu e elevou: "Veja o que você conseguiu fazer com a ajuda de Deus … não é fantástico?!" Você ajuda as pessoas a ficarem mais confiantes, para que possam aprender a fazer os seus próprios milagres.

Alguns de vocês acham que Deus faz todo o trabalho sozinho. Mas eu detesto ter de desapontá-los. Você faz 90% do trabalho cada vez que opera um milagre. Deus faz só 10%. Ele o inspira e orienta, mas quem faz o trabalho é você. Você não pode, contudo, ficar com o mérito do trabalho que faz em nome de Deus. Você precisa atribuir o mérito a Deus, mesmo que tenha feito 90% do trabalho.

Quer saber por quê? Porque você não quer que as pessoas fiquem dependentes de você. Você quer que elas entendam que é o Deus que habita no coração delas, que faz com que as coisas aconteçam. Então elas começarão a ouvir. E, quando sentirem a inspiração divina dentro delas, elas agirão de acordo com essa inspiração. Elas canalizarão toda a energia que têm para segui-la, passarão a fazer os seus próprios milagres e os transmitirão aos outros.

Eu poderia ficar com os créditos pelas curas que acontecem na minha presença, mas não faço isso. Pois eu sou apenas a força que catalisou esses movimentos de cura e perdão. A fé que as pessoas tinham em mim elas conseguiram descobrir dentro de si mesmas. Eu só devolvi as pessoas a Deus. Eu não pedi seguidores.

Nem os quero agora. Por favor, não saia por aí dizendo "Jesus disse isto ou Jesus disse aquilo". Esqueça Jesus. Seja apenas uma presença amorosa e tolerante e, por meio de você, as pessoas voltarão para a casa do seu verdadeiro Eu.

Veja, a questão não é saber quem é a porta. Poderia ser eu. Poderia ser você. Poderia ser outro irmão ou irmã. Não é preciso celebrar a porta.

Quando a porta precisa ser celebrada, ela deixa de ser uma porta. Quando as pessoas agarram o dedo que aponta para a Lua, não sabem mais para onde ele está apontando.

Não se faça de importante. Deixe que a glória fique com os outros e você será verdadeiramente glorificado. Você sentirá o êxtase de ser a porta que abre quando as pessoas batem. E eu lhe asseguro de que não existe êxtase maior.

Quando não tenta chamar a atenção para si mesmo, você consegue trabalhar mais profundamente a todo momento. Ninguém interfere no seu trabalho. Na verdade, só as pessoas com mais discernimento notam o que você está fazendo.

É muito raro encontrar uma pessoa que faça o seu trabalho sem querer chamar a atenção para si, sem buscar publicidade ou tentar comercializar o que faz. É muito raro encontrar alguém que inspire sem desejar ser reconhecido por isso, que efetue curas sem cobrar por isso ou sem pedir nada em troca. Você pode até procurar uma pessoa assim, mas só vai encontrar se estiver preparado para seguir os passos dela.

Os melhores professores são os mais humildes, os mais amorosos, os mais dispostos a capacitar as pessoas. Se você gostaria de encontrar um professor assim, tem de ir além das aparências. Procure um homem ou uma mulher que não lhe prometa nada, mas ame você sem hesitação. Procure o professor que não tenha a pretensão de corrigir ou ensinar você, mas que abra o seu coração quando olhar nos seus olhos.

Quando você pensa em grandes professores, logo imagina alguém com uma túnica diáfana e fulgurante, rodeado por uma multidão. Mas nenhum desses ornamentos é necessário. Na verdade, eles geralmente atrapalham. O foco vai para o guru, e não para o aspirante. No entanto, é o aspirante que tem de despertar, não o guru.

Um dia eu criarei uma casa de repouso para os gurus. Vou pedir que se dirijam para um lindo lugar nos Andes ou no Himalaia, onde eles possam passar os dias jogando bocha ou dominó e parem de causar tanto problema.

Sem ninguém lá fora, investido de autoridade, para inspirar você ou dar valor ao que você faz ou diz, será preciso que você preste mais atenção na sua própria experiência e orientação. Você terá de parar de buscar fogos de artifício e se encarregar da tessitura da sua própria vida. Terá de aprender a aceitar a tapeçaria que se estende à sua frente, com os seus erros e tudo o mais.

Não importa o quanto você esteja em sintonia, realizado ou evoluído, a vida não vai ser do jeito que você espera. Às vezes um desafio oculto virá à tona e exigirá todo o seu amor, paciência e atenção. Outras vezes, uma dádiva inesperada poderá surgir, como um beija-flor surgindo, como num passe de mágica, na janela.

A nossa jornada tem altos e baixos. Mas nem um nem outro duram para sempre. Buda sabia disso. E você aprenderá também. Basta seguir em frente, sem nunca desistir.

Não espere um milagre. Não, não, não. Não espere nada. Simplesmente aceite o que acontece e enfrente isso da melhor maneira possível.

VIII
Os Laços que Prendem

Você passará por várias pequenas mortes no curso da vida, muitas vezes terá de deixar os braços que um dia o confortaram e caminhar sozinho rumo a um destino incerto. Toda vez que isso acontecer, seus medos virão à tona e você terá de enfrentá-los. Aprender sobre o desapego é uma das maiores lições da encarnação. Isso é o que significa nascer outra vez.

A Linguagem do Medo

Quando considera alguém inferior a você, isso significa que você está enxergando com as lentes do medo. E o medo, como você sabe, é cego.

Não existe ninguém menos digno do que você, mesmo que o comportamento dessa pessoa com relação a você não se justifique ou seja questionável. O seu medo faz com que ela o trate de um modo beligerante. O seu medo faz com que você pense nela e se comporte diante dela da mesma maneira. O medo de uma pessoa tende a suscitar o medo de outra. Essa é a equação da transgressão mútua.

O único jeito de sair desse círculo de ataque e defesa mútuos é ver o atacante como ele realmente é. Quando você o vê como um ser humano decente, cuja reação é motivada pelo medo, você consegue falar e agir de um modo que diminua o medo que ele sente. Isso significa que você não revida o ataque. Não significa que você deixa que a outra pessoa intimide você.

Todos vocês têm de encontrar um jeito de se defender com delicadeza, sem atacar a outra pessoa. A consideração que você tem por si mesmo é essencial. É precisamente essa consideração que precisa ser ampliada para incluir o outro.

Ampliar o amor em face do medo de outra pessoa é a coisa mais difícil que existe. No entanto, é essencial que você aprenda isso.

Existem tantas pessoas com medo e com um comportamento motivado pela raiva que você não tem como evitar o encontro com uma delas. Eu não estou me referindo apenas aos assassinos, ladrões e estupradores. Estou falando de pessoas que cortam você no trânsito, que o xingam, que dão encontrões em você na rua, que ameaçam processá-lo ou que espalham boatos a seu respeito.

Muitas pessoas são bombas-relógio prestes a explodir. Se você se relaciona com elas de modo pouco centrado, você pode desencadear toda a ira que elas têm dentro de si.

Para lidar com essas situações da maneira apropriada, faça o possível para não julgá-las e procure deixar o coração aberto, mesmo quando elas o tratam injustamente. Use de todos os expedientes para deixar bem claro que você quer que elas o tratem com respeito, mas demonstre o mesmo respeito por elas quando confrontá-las.

Não confronte as pessoas sentindo raiva. Quando reage a um ataque com raiva ou de um modo defensivo, você só deixa a situação ainda pior.

Antes de esboçar qualquer reação, pare um pouco e se dê uma chance de pensar nas opções que tem. Que tipo de resposta manteria a sua dignidade sem fazer com que a outra pessoa se sentisse agredida? Que resposta leva vocês dois em consideração?

Você não tem de responder às palavras ou atitudes cheias de medo das outras pessoas. Você pode responder ao que existe por trás dessas palavras ou atitudes. Você pode dar às pessoas o amor e o respeito que elas buscam em você. Quando elas perceberem esse amor e respeito em você, deixarão de ser hostis.

Eu nunca disse que esse caminho seria fácil. Ele tem desafios reais que você precisa aprender a superar. Você também fica com medo e age de modos hostis com pessoas que não merecem a sua raiva ou a sua condenação. Você tem de aprender a se desculpar por esses comportamentos agressivos. Tem de perceber quando você é duro e insensível e assumir a responsabilidade tratar as pessoas com mais gentileza e respeito.

Essa é uma via de mão dupla. Todo mundo um dia já foi maltratado por outra pessoa e já tratou alguém mal também. Todos vocês têm a mesma lição a aprender a esse respeito.

Partir de Casa/Voltar para Casa

Se você acha que eu tenho, ou qualquer outra pessoa tem, algo que você não tem, você está abrindo mão do seu poder. Como as pessoas costumam dizer, "Você tem o mundo inteiro nas mãos". Nunca faltou nada em você. Tudo de que precisa você encontrará se confiar em si mesmo.

Mas, antes, aprenda a confiar em si mesmo e nos recursos infinitos que estão à sua disposição e à disposição de todos os outros seres espirituais. Não limite as possibilidades que estão diante de você. Não feche as portas da oportunidade com pensamentos negativos. Mantenha-se aberto e bem disposto.

Deixe de lado as suas expectativas, mas conserve a certeza e a confiança de que as suas necessidades serão atendidas de maneiras que você nem sequer imagina. Renda-se. Tenha fé em que Deus só lhe reserva coisas boas. Saiba que até mesmo os testes e lições existem para deixá-lo mais forte e flexível na sua capacidade de amar.

Deixe que Deus seja o seu professor. Deixe que o Tao desabroche dentro de você. Você não precisa controlar mais nada. Quando está disposto a cooperar, a vida flui através de você. Você passa a ser um canal, o veículo pelo qual o amor pode se irradiar para o mundo.

Não abra mão do seu poder em favor de outras pessoas. Ninguém mais sabe o que é bom para você. Ninguém sabe qual é a missão que você tem aqui. Fique longe dos médiuns, dos professores, dos terapeutas e gurus que querem direcionar a sua vida, de acordo com as crenças limitadas que eles têm com relação a você.

Você tem tudo de que precisa para se orientar com sabedoria na vida. Confie nisso. Confie na sua ligação com a Fonte de todas as coisas. Você não está mais distante de Deus do que eu estou. Você não precisa que eu o leve até os pés do Criador. Você não precisa que o seu parceiro ou o seu professor lhe poste aos pés de Deus. Você já está aos pés Dele.

Deus é incapaz de se afastar de você. Deus é onipresente na sua vida. Se você não sente a presença Dele, é porque você se afastou. Você deu o seu poder para alguma autoridade mundana. Você se afastou da morada de Deus, que fica dentro de você, e buscou algo de especial no mundo lá fora. Nessa busca, você sempre acaba de mãos vazias, mas isso não significa que você não vá continuar buscando as respostas em algum lugar fora de você.

Muitos de vocês acham que eu exijo um compromisso de fidelidade exclusiva. Nada poderia estar mais longe da verdade. Quando peço que acredite em mim, faço isso para lhe dar poder, para que saiba que tudo o que eu fiz você também pode fazer, para que veja a sua grandeza. Mas você pode fazer isso diretamente e me dispensar. Eu não sou necessário para a sua ressurreição. Você é o cordeiro do Senhor. Foi você quem veio para se perdoar e livrar o mundo dos grilhões do mal e do arrependimento.

Se você tem um professor que lhe confere poder, eu fico feliz. Não importa para mim se esse professor é budista ou judeu, cristão ou muçulmano, um xamã ou um homem de negócios. Se você está aprendendo a confiar em si mesmo, se está se tornando uma pessoa de mente e coração mais abertos, então fico feliz por você. Não interessa que caminho você esteja trilhando, em que símbolos acredite ou que pergaminhos considere sagrados. Eu busco pelo fruto de todas essas crenças e de todo esse empenho, para ver se você está assumindo o seu caráter divino ou se está dando o seu poder para outra pessoa ou para algo fora de você.

Não, eu não quero o seu compromisso de fidelidade exclusiva. Eu simplesmente peço que você escolha um professor e um ensinamento que lhe capacite descobrir a verdade dentro do seu próprio coração, pois só você pode descobri-la. Quando você dá o seu poder para as outras pessoas, para mim ou para qualquer outro, eu sei que você não me ouviu.

Quantas vezes eu já lhe disse que não sou o único filho de Deus? Todos vocês dividem comigo essa linhagem. Nós somos filhos de Deus. Carregamos dentro de nós o amor e a sabedoria divinos. Todas as respostas para os nossos problemas estão dentro de nós.

Eu sirvo para você como um exemplo de alguém que realizou a sua divindade enquanto estava vivendo dentro de um corpo, neste mundo. Eu lhe demonstro o poder que se manifesta quando ouvimos a nossa voz interior e a seguimos, mesmo que as outras pessoas nos julguem ou nos critiquem. Eu defendo a autoridade interior da mente-coração universal, que reverencia a todos igualmente. Eu sei que, se você confia no divino interior, você só pode ser autêntico.

Eu tentei lhe mostrar um meio de se libertar da autoridade dos seus pais, da autoridade cultural, da autoridade da religião. Eu tentei lhe contar que você é muito maior do que tudo isso. Eu lhe disse que as leis e os costumes dos homens e das mulheres são limitados pelas condições da experiência deles. Eles não conseguem ver além dela.

Existe, porém, uma Realidade que está além dessa realidade subjetiva estreita. E você pode encontrá-la, se procurá-la dentro de você, pois ela é a própria base do seu ser. Ela é quem você é quando deixa de lado as falsas crenças que os seus pais, a sua família, a cultura, a igreja ou a sinagoga incutiram em você e você aceitou.

Eu peço que você tenha coragem de ficar só, para que possa assumir as rédeas da sua vida e deixar para trás as identificações tacanhas que o impedem de saber quem você é. Eu lhe pedi para deixar a sua casa e o seu trabalho, para que pudesse dar um passo para trás e olhar a sua vida de uma certa distância, vendo os padrões de relacionamento que foram motivados pelo medo e cerceiam você. Eu pedi que desse um passo para trás, de modo que pudesse ver que você não precisa se vender por uma bagatela. Você não tem que abrir mão do seu poder, em favor de costumes e tradições que não levam em conta as suas raízes e os seus ramos espirituais.

Tanto o homem quanto a mulher devem deixar a casa dos pais e se abrir para novas experiências, se quiserem constituir uma família que não repita os mesmos padrões familiares negativos. Pela mesma razão, você tem de deixar os estudos, a carreira, a religião e os relacionamentos para descobrir quem você é, independentemente das condições determinadas pelas estruturas da sua vida.

Você não é apenas filho ou filha, marido ou mulher, carpinteiro ou encanador, negro ou branco, cristão ou judeu. Você é muito mais do que qualquer uma dessas coisas. No entanto, se você se identificar com um desses papéis, não descobrirá dentro de você a essência que vai muito além deles. Nem descobrirá um modo de transcender a inevitável divisão que essas definições externas criarão na sua vida.

Eu pedi que você deixasse o seu lar para que pudesse um dia voltar sabendo qual é o seu verdadeiro "lar". Eu pedi que saísse numa peregrinação em que deixasse de lado a identidade externa e pudesse descobrir a sua verdadeira identidade. Eu pedi que ouvisse os outros com respeito, mas nunca aceitasse as suas idéias e opiniões como se elas fossem uma autoridade na sua vida. Eu pedi que você descobrisse a sua autoridade interior, mesmo que ninguém mais concorde com ela, e eu pedi que você seguisse essa autoridade interior, mesmo em face das críticas severas dos amigos, da família, da igreja, da sua raça, do seu partido político e do seu país.

Eu pedi que você se mantivesse sozinho, não porque quero que viva isolado, mas para que você possa conhecer a verdade e fincar as suas raízes nela. Pois haverá ocasiões em que você defenderá essa verdade em meio a uma multidão que vai ignorá-la, usar os seus irmãos e irmãs como bode expiatório e condená-los, assim como um dia me condenou. Haverá ocasiões, meu amigo, em que você será uma voz no deserto, alguém que ajudará as pessoas a encontrar o caminho de volta para casa. E você não poderá se tornar uma voz enquanto não deixar o seu lar, enquanto não aprender a ficar sozinho com a verdade.

Quando você sabe ficar sozinho, é fácil ficar na companhia de outras pessoas que defendem a própria verdade. Você não se sente ameaçado pelas crenças ou experiências delas. Você respeita tudo isso. Você respeita todo caminho autêntico para a sabedoria e o amor divinos. E você sente um grande prazer na companhia de outras pessoas que estão confortavelmente sendo elas mesmas.

O Desapego

A maior parte das mudanças externas é ocasionada por mudanças interiores com relação aos compromissos que você assume ou nos quais concentra a sua atenção. Quando você rompe o compromisso com uma pessoa ou com um curso de ação, a mudança acontece. A energia deixa de ser projetada numa direção e passa a ser canalizada para outra.

Você pode gastar todo o seu fôlego discutindo se está certo ou errado que o compromisso de uma pessoa passe por mudanças, mas essa discussão não trará nada de bom. Você não pode impedir as pessoas de se empenhar no próprio desenvolvimento, mesmo que você não concorde com a decisão delas.

Não banque o mártir. Se observar com atenção, você verá que toda "perda" aparente traz um benefício. Quando uma pessoa rompe uma relação que não está evoluindo para uma intimidade mais profunda, a outra pessoa também é libertada. No entanto, ela tem de estar disposta a abrir mão da relação, para poder apreciar a dádiva da liberdade que lhe é oferecida.

Querer alguém que não quer você é uma maneira de se punir. Depois de algum tempo, você se cansa do seu masoquismo e percebe que pode desviar a sua energia para outra direção.

Quando você rompe o compromisso que tem com a sua carreira, ela se desintegra. Quando você põe um ponto final no compromisso que tem com um parceiro, o relacionamento começa a se deteriorar. Ele deixa de ser tão estimulante, enriquecedor ou divertido quanto costumava ser. Você não pode culpar o seu parceiro por isso, pois assim estará deixando de entender a dinâmica que está por trás de tudo isso. O relacionamento ou a carreira passa a não dar mais certo porque você deixa de irradiar o seu amor, de oferecer o seu apoio, de manter o seu compromisso.

Não adianta nem se agarrar à outra pessoa nem culpá-la, pois isso não ajudará em nada. Se você não quer viver a vida na sombra de uma união desfeita, onde emoções negativas são constantemente recicladas, você tem de aprender a se desapegar.

Talvez a maior dádiva que você possa um dia oferecer a si mesmo seja libertar algo ou alguém que você ama. Manter uma relação que já não conta com o total compromisso de ambas as partes não é construtivo para nenhuma delas. Ou é preciso que se restabeleça um compromisso mútuo ou que se comece o mais cedo possível a processo de desapego.

Quando alguma coisa na sua vida vai mal, você geralmente tenta consertar a situação. Então, se isso não funciona, você finge por um tempo que as suas tentativas de consertá-la deram certo, muito embora não tenham dado. Finalmente, você percebe que a sua encenação não engana ninguém e que o seu coração simplesmente não está mais cooperando. Esse é o momento em que você está pronto para aprender a se desapegar.

Enquanto se prende a um papel ou relacionamento que já cumpriu a missão na sua vida, você se mantém na condição de refém do passado. O desapego é um ato de grande coragem. Sempre existe algum grau de sofrimento quando se deixa para trás alguém ou algo que um dia nos trouxe alegria e felicidade. Você terá de ter paciência e lamentar por um tempo essa perda. Mas, quando o tempo de pesar chegar ao fim, você será uma outra pessoa. Estará aberto para oportunidades com as quais nunca sequer sonhou. À medida que aproveita essas novas oportunidades, você retomará a sua vida com muito mais confiança e fé. A sua vida se renovará e você renascerá como uma fênix, das cinzas do passado.

Nunca é fácil atear o fogo da mudança. Mas, se você se entrega, a combustão é imediata. No solo enriquecido, as sementes do amanhã podem ser plantadas.

Eu lhe disse que, a não ser que morra e volte a nascer, você não poderá entrar no reino dos céus. Ninguém que vem para este mundo deixa de sofrer a dor da perda. Toda identidade que você assume será tirada de você no seu devido tempo. Toda pessoa que você ama morrerá. É só uma questão de tempo. E é só uma questão de tempo antes que você também deixe este corpo e este mundo.

Todos os ensinamentos sagrados exortam você a não se apegar às coisas deste mundo, pois elas não são permanentes. No entanto, você se apega assim mesmo. Isso faz parte do seu processo de despertar. Apegar-se e desapegar-se. Agarrar e soltar. Pessoalmente, eu não acho que seja necessário evitar os apegos. Mas é essencial perceber quando eles se tornam nocivos. Quando certos laços viram prisões, você não tem alternativa senão desistir deles. Aprender sobre o desapego é uma das maiores lições da encarnação.

Quando aprende essa lição, você ganha uma nova liberdade. É isso o que significa nascer outra vez.

Você passará por várias pequenas mortes no curso da vida, muitas vezes terá de deixar os braços que um dia o confortaram e caminhar sozinho rumo a um destino incerto. Toda vez que isso acontecer, seus medos virão à tona e você terá de enfrentá-los. Muitas vezes, você acha que morrerá se abrir mão, mas acabará descobrindo que é o contrário. Quando você abre mão do que não funciona mais, algo o orienta na direção do que funciona.

Não seja impaciente. Ninguém nasce outra vez instantaneamente. Leva tempo. Trata-se de um processo. Saiba apenas que, quanto mais você se entregar, mais fácil será para você.

A maré sobe e desce. As pessoas só abrem mão de uma coisa para se apegar a outra que lhes represente um desafio ainda maior. A vida segue um ritmo, mas nunca pára de progredir. Enquanto a terra e a água respiram juntas, o formato da praia vai mudando. As tempestades vêm e vão.

No final, uma paz profunda se instala e invade o coração e a mente. Finalmente, a base do ser é atingida. Ali as águas em permanente mudança vêm e vão, e a terra se delicia com elas, como o amante se delicia com o toque delicado do ser amado.

Uma profunda aceitação é sentida e, com ela, um silencioso reconhecimento de que todas as coisas são perfeitas do jeito que são. Isso é graça, é a presença de Deus que vem buscar abrigo no seu coração e na sua vida.

O Mutável e o Imutável

Embora algumas coisas mudem, outras nunca passam por nenhuma mudança. Os pensamentos mudam, as emoções mudam, os endereços e os empregos mudam, os corpos mudam, o mundo muda. Mas o núcleo do seu ser nunca muda.

Na superfície, todas as pessoas parecem diferentes. As diferenças na aparência física, na personalidade, no temperamento, na cultura, na religião, na nacionalidade, todas elas contribuem para o seu caráter único e exclusivo. Quando os indivíduos se respeitam, a diversidade criada pelo caráter único do indivíduo é um fenômeno positivo.

O crescimento também é um fator individual. As pessoas crescem de maneiras diferentes. A experiência ensina que algumas pessoas são mais decididas que outras. Algumas se tornam mais gregárias e outras aprendem a viver bem sozinhas.

Mas todas as pessoas que vivem neste planeta precisam de ar para respirar, precisam comer, precisam beber água. Todas as pessoas precisam de aceitação e de amor para florescer. Quando as pessoas são incentivadas do ponto de vista físico, emocional, intelectual e espiritual, elas vivem felizes e contentes. Pois essa é a condição natural delas.

Quando você aprende a se aceitar e a aceitar os outros assim como são no presente momento, você vive no seu estado natural. Você segue com a vida como ela é, aceitando e aproveitando o que existe.

O Tao floresce em você. Você encontra abrigo na mente-coração universal. Quando olha para duas pessoas que encontraram abrigo nesse lugar, você sabe que elas são iguais, embora possam parecer diferentes. A mesma luz brilha nos olhos delas, mesmo que uma tenha olhos castanhos e a outra tenha olhos verdes. Ambas têm um sorriso fácil e descontraído, e você se sente igualmente seguro na presença de ambas.

A natureza humana pode ser diferente, mas a natureza divina é sempre a mesma. Quando a natureza humana e a divina se fundem no coração/mente de uma pessoa, você tem todos os pontos fortes dos dons e temperamento autênticos de um indivíduo sem a insegurança, a ansiedade e a natureza dividida da consciência egóica. Toda pessoa pode ser única sem ameaçar ou prejudicar a natureza única de outra pessoa. As pessoas podem ser elas mesmas sem transgredir os outros.

A mistura do individual e do universal recebe muitos nomes: iluminação, despertar, *satori*, *samadhi*, ascensão, espírito interior, etc. Trata-se de um estado de consciência que reflete integração psicológica e harmonia interpessoal. Ele demonstra congruência interior e exterior.

Todos os seres humanos têm potencial para ficar nesse estado de paz e felicidade. Para isso, eles simplesmente têm de largar as identificações egóicas que reforçam os julgamentos e criam conflitos com as outras pessoas.

Nesse estado de consciência, o mutável e o imutável se unem. É por isso que ele é chamado de estado eterno ou sem morte. Nesse estado, as diferenças individuais continuam a existir, sem exprimirem divisão. Ninguém se apega ao que faz uma pessoa ser diferente da outra.

E o mesmo acontece quando a morte chega e a pessoa precisa abrir mão do pessoal; não existe dificuldade. Ela prefere a quietude do absoluto do que o burburinho do condicional. Ela aceita com prazer trocar essa respiração pela outra, que não vai e vem.

O mutável surge do imutável e volta para ele. Você não consegue sequer imaginar o ponto de origem ou o ponto de retorno, mas teve momentos na vida em que não sentiu medo nem insegurança, momentos em que se sentiu ligado a todas as pessoas e a todas as coisas naturalmente. E esses momentos deram a você um vislumbre de como é o estado sem morte.

Quanto mais perto você ficar desse estado, enquanto vive no corpo, menos medo sentirá no momento da morte. Pois você trouxe o universal para o pessoal, o divino para o humano, o incondicional para o condicional. Quando o veículo corpo/mente está pleno de espírito, ele se expande e se rompe, de modo que a energia pode ir para onde ela é mais necessária.

Quando a sua jornada pessoal se conclui, tem início a sua jornada impessoal. A Presença Divina que você tem em seu ser decide o que você fará e aonde irá. Você está aqui para amar e servir. Você não precisa perguntar nem quem, nem onde, nem por que, nem como. Essas perguntas deixam de ter relevância quando você deixa de viver só para você.

IX
Re-união

Não pense que só eu sou o Cristo, caso contrário, você não compreenderá nada do que eu ensino. Todos vocês são ungidos. Todos vocês são escolhidos. Veja, a questão não é saber quem é a porta. Poderia ser eu. Poderia ser você. Poderia ser outro. Não é preciso celebrar a porta. Quando a porta precisa ser celebrada, ela deixa de ser uma porta.

IX

Reunião

A Parceria Divina

Imagine-se vivendo com outra pessoa sem tentar mudá-la de maneira nenhuma. Imagine que a sua única tarefa seja aceitar essa pessoa como ela é, em qualquer situação, e aceitar a sua posição, nessa mesma situação. Imagine que você não precise pressionar os outros a atender às suas necessidades ou expectativas e saiba que elas também não o pressionarão.

Imagine que todo momento na companhia de outra pessoa seja um momento em que você e ela estão totalmente presentes e devotando um ao outro toda atenção. Imagine sentir o seu coração ligado ao do seu parceiro assim como se sente ligado à sua própria respiração. Quando a sua respiração fica superficial, você automaticamente se dá conta disso e respira fundo. Quando a sua atenção começa a se desviar do seu parceiro, vocês se olham nos olhos e deixam que a consciência mútua do amor volte a fluir e restabeleça o fluxo entre a mente e o coração de vocês.

Imagine que o seu relacionamento é uma dança constante cuja meta seja um complementar o outro. Cada um de vocês está fazendo constantes ajustes para que possam viver juntos de modo confortável. Nenhum desses ajustes requer grande análise. É como se ajustassem o passo com o do parceiro de dança.

Imagine uma dança em que os parceiros se revezam na tarefa de conduzir o outro. Às vezes uma pessoa sente a música com mais profundidade do que a outra e então assume o comando. Em outra ocasião a outra pessoa está mais sintonizada e se encarrega de levar o companheiro. Isso acontece naturalmente, graças ao respeito mútuo e à sintonia que existe entre os parceiros, não porque eles tenham feito algum acordo de antemão de que teriam de assumir o comando pelo mesmo tempo.

Imagine sentir que a sua mais profunda dádiva como ser humano é respeitar o parceiro cada vez que respira ou dá um passo. Imagine-se levando em conta os pensamentos e sentimentos do seu parceiro assim como leva os seus.

Imagine-se não pensando mais em si mesmo como um ser separado. Imagine-se sabendo que você é capaz de ficar sozinho, mas que nunca estará sozinho agora que você e o seu parceiro se uniram numa consciência maior.

Imagine-se possuindo uma consciência "plural", que inclui você e o parceiro, depois de possuir uma consciência "singular", que só inclui você. Imagine sendo tão dedicado ao conforto, ao prazer e ao bem-estar do seu parceiro como você é ao seu.

Imagine-se não considerando a possibilidade de se desligar do parceiro para poder entrar em contato consigo mesmo. Imagine-se compreendendo que toda vez que se desliga do seu parceiro está se desligando de você mesmo.

O amor e a aceitação incondicionais que você devota ao seu parceiro é o caminho mais fácil e curto para a comunhão com Deus. Com o seu parceiro, você aprende a amar e a ser amado. Você aprende a dar e a receber amor e aceitação incondicionais.

Quando aprende a fazer isso com uma pessoa, você aprende a fazer com todas. É nesse momento que o Cristo nasce em você, quando um se torna muitos e muitos se tornam um. Quando você se torna a presença de Cristo como eu me tornei, ninguém mais é excluído do seu amor. O que você dá para um, dá para todos. O que recebe de um, você recebe de todos.

A Mente Crística é o fim dos pensamentos de separação, dos interesses separados, das vontades separadas. O Coração Crístico é o fim dos sentimentos díspares e do amor especial. A Consciência Crística tem um só pensamento, um só interesse, uma só vontade, um só amor por todos os seres.

Mas nada disso significará nada para você até que aprenda a amar uma pessoa assim como ama a si mesmo. Para a maioria de vocês, essa é a porta que se abrirá para a bem-aventurança divina.

Então escolha bem o seu parceiro. Se você escolher um que dance muito devagar, ele pode impedir que você avance. Se escolher um que dance muito depressa, você pode torcer o tornozelo tentando acompanhá-lo. Escolha um parceiro que dance no seu ritmo, que complemente os seus passos e o ajude a realizar o seu potencial. Encontre um parceiro que você possa fortalecer e ajudar. Nas asas do amor e da aceitação que existe entre vocês, você e o seu parceiro podem se aproximar tanto da divindade quanto é possível se aproximar no período de uma vida.

Viva e Deixe o seu Parceiro Viver

Como você já deve ter reparado, é com os relacionamentos com os seus irmãos e irmãs que você mais aprende e evolui. No entanto, os relacionamentos são uma faca de dois gumes. Eles prometem bem-aventurança, mas trazem à tona as emoções mais primitivas e desintegradas. Elas prometem companhia, mas desafiam você a superar diferenças aparentemente irreconciliáveis. Eles prometem o fim da solidão, mas abrem a porta para uma solidão mais profunda.

Você pode achar que o relacionamento é um remédio que você toma para aliviar o tédio ou a solidão que sente. Mas todos os remédios têm efeitos colaterais. Para cada momento de alegria, haverá também um momento de agonia.

Se você quer evitar os momentos de agonia, tem de evitar qualquer relacionamento íntimo. Lamentavelmente, se fizer isso, estará evitando o seu próprio crescimento psicológico e espiritual. Esse crescimento é fruto da experiência dos altos e baixos do relacionamento e de tudo que existe entre esses dois extremos. Ele é fruto da experiência de todas as fases da outra pessoa, assim como de todas as suas próprias fases.

Durante um certo tempo, parece que você se perde na outra pessoa. Mas isso só acontece nas fases iniciais do relacionamento, quando um idolatra o outro. Quando você vive com outra pessoa, não demora muito até que tudo que existe no relacionamento passe a ficar à mostra.

Quando isso acontece, você precisa usar toda a sua perspicácia para evitar que o relacionamento não se deteriore. Quando os medos e inseguranças do seu parceiro vierem à tona, você pode reagir a esses medos e inseguranças ou pode ter compaixão e deixar que ele viva essa experiência.

Isso parece fácil, mas não é. Deixar que o parceiro sinta medo, dúvida, ambivalência ou vitimismo ou cultive loucas fantasias quanto ao futuro é um desafio tremendo. Você precisa não dar ouvidos a tudo o que ele diz, para que não caia na tentação de reagir e levar a coisa para o lado pessoal. No entanto, ao mesmo tempo, você tem de manter o coração aberto, ficar presente e encontrar um jeito delicado de desviar a conversa para um assunto mais prático e neutro.

Haverá momentos em que um dos dois ficará à deriva e o outro terá de navegar mar adentro e trazê-lo de volta com delicadeza. Haverá também ocasiões em que um de vocês ficará no porto, à distância, por tempo demais e pode pedir a ajuda do outro para levantar âncora. Se conseguirem ficar longe dos padrões neuróticos do parceiro, vocês poderão colaborar imensamente para o crescimento um do outro, quando a vida assim exigir.

Se você der ouvidos ao seu parceiro quando ele estiver demonstrando qualquer tipo de negatividade, isso será letal para o relacionamento. Em vez de agir dessa maneira, procure ver além das palavras que ele diz e perceber que o seu parceiro está apenas clamando pelo amor e conforto que você pode lhe dar. Se lhe der o que ele pede, e ignorar o resto, você pode ajudá-lo a voltar à razão.

A arte de amar consiste em saber quando dar ouvidos ao seu parceiro e quando agir de modo contrário. Isso não se aprende da noite para o dia. É algo que você só aprende cometendo erros e mostrando a determinação de não cometê-los novamente.

Respeitar a decisão do parceiro de manter uma postura de vitimismo, condenação e autopiedade é tão importante quanto elogiá-lo, estimulá-lo e demonstrar afeição quando ele está em condições de ouvir você. O que você não diz ou faz é tão importante para a saúde do relacionamento quanto o que você diz ou faz.

Diz a voz da experiência que as duas leis mais importantes dos relacionamentos são:

1. Não tentar corrigir o parceiro, mesmo quando você acha que ele espera isso de você.

2. Não se sentir responsável pela tristeza, pelo medo ou pela raiva do parceiro. Se o seu parceiro está infeliz, procure não se envolver emocionalmente e deixe que ele viva a própria infelicidade. Não se envolva. Não tente resolver a situação. Não se sinta responsável. Deixe o seu parceiro em paz e tenha confiança de que ele conseguirá encontrar um modo de restabelecer o contato com o eu e também com você. Até que esse contato seja feito, ele será incapaz de reagir a você de qualquer maneira que seja satisfatória ou tranqüilizadora.

Talvez seja irônico o fato de que uma das maiores coisas que você aprende num relacionamento seja deixar o parceiro em paz. E uma das maiores revelações é que você não é responsável pelas mudanças de humor do seu parceiro. Você, no entanto, precisa de fato aprender a dançar no ritmo dele, e parte dessa dança consiste em se distanciar do parceiro, de modo que vocês possam se aproximar outra vez quando tiverem condições de ficar presentes no momento.

O Espelho da Inocência

Quando a neve cai, ela cobre com seu manto branco o solo, as plantas, as árvores, as casas e as ruas. Tudo parece fresco, novo e inocente. O perdão chega da mesma maneira, apagando as mágoas do passado e substituindo os julgamentos pela aceitação. À luz do perdão, você vê os seus problemas e desafios de outra maneira. Você se sente capaz de enfrentar a vida do jeito que ela é.

Quando caminha na neve fresca, você deixa pegadas. Não há nada mais que esconder ou fingir. Você tem de avançar com ousadia e qualquer um pode seguir você.

O perdão cobre tudo assim como a neve. Ele se amplia e afeta tudo o que existe na sua vida, no seu coração e na sua mente.

Como o perdão abençoa você, você tem de estar disposto a recebê-lo, assim como o solo recebe a neve. Você tem de estar disposto a ser preenchido e purificado por algo maior do que você mesmo.

Em todo relacionamento bem-sucedido, o perdão é uma prática constante. Ele é um purificador diário, semanal, mensal. Sem perdão, não pode haver comunhão entre você e o seu parceiro. Em vez disso, antigas feridas serão agravadas por ressentimentos ocultos.

Isso não levará a nada. É preciso dissipar pensamentos e sentimentos negativos diariamente, não com menos freqüência do que isso. Procurem não ir para a cama com raiva do parceiro. Não deixem que o Sol nasça ou se ponha sem que antes vocês tenham feito as pazes e se unido num profundo abraço. O caráter sagrado dessa união tem de ser preservado e celebrado. Dêem a ela o tempo que ela merece. Esteja pronto a deixar de lado pensamentos e sentimentos que só possam ferir ou separar vocês.

Na dança do relacionamento, encontrem um meio de amenizar os ânimos e se aproximar um do outro quando estiverem com raiva e se sentindo distantes. Encontrem um modo de baixar a guarda quando se olharem nos olhos em silêncio.

O seu parceiro não é seu inimigo, embora às vezes pareça. A separação que sentem existe em função do medo que têm. Tratem-se como iguais e admitam esse medo. Abram mão da necessidade de estarem certos ou de provarem que o outro está errado. Vocês dois estão certos no seu desejo de serem amados e respeitados pelo parceiro. Vocês dois estão errados quando tentam culpar o outro pela infelicidade que sentem.

Tratem-se como iguais e digam, "Vamos deixar isso para lá... Vamos começar de novo e ver como nós dois somos de fato. Vamos nos lembrar do nosso amor e deixar de lado o medo".

O relacionamento é uma dança no teatro das mágoas e dos ressentimentos. Por mais que você se esforce para não ferir os outros, alguém sempre gritará de dor. Às vezes, é preciso pedir desculpas. Mas, na maioria das vezes, fica claro que a dor que uma pessoa sente é desencadeada pela dor de outra. Não é culpa de ninguém. É simplesmente o jeito como as coisas são.

Depois que dançam juntos por tempo suficiente, você deixa de interpretar o drama de modo tão pessoal. Você consegue dar os passos certos para se distanciar da sua dor e se aproximar da sua alegria. Quando age assim, toda a atmosfera no palco muda. Surge uma opção que antes ninguém era capaz de ver.

Para alguns, a jornada terrena parece uma trilha acidentada em meio a um vale de lágrimas. Até mesmo para esses viajantes, porém, há momentos em que o sol brilha e surge um arco-íris no céu. Esses são momentos em que se esquece da dor e o coração se enche de uma alegria inesperada.

Até mesmo quando a dança é difícil, surge a gratidão pela oportunidade de participar e de aprender. A vida é dignificada, em sua essência.

Você resiste, é verdade, e às vezes até se recusa a aprender as lições. Mas você vai aprendê-las de qualquer maneira. Você vive altos e baixos e, enquanto isso, mente e matéria ficam impregnadas de espírito. Depois que se identificar com um determinado jeito de pensar e com um determinado corpo, você acabará se libertando para amar incondicionalmente e para receber o amor que lhe oferecem sem resistir ou se defender.

Essa é a natureza da sua jornada neste mundo. Trata-se de uma boa jornada. Que você tenha tempo para apreciá-la e aproveitá-la. Que você possa abrir os olhos e ver o sol surgindo entre as nuvens. Que você veja a luz refletida no solo coberto de neve e nos galhos nevados dos pinheiros. A luz se irradia em todas as direções, envolvendo todos vocês, neste exato lugar, neste exato instante.

Namastê